JN067442

生命保険営業大全

売り込まずに自然と売れる
トップセールスのメソッド

著 坂本正勝
株式会社ALM 代表取締役
株式会社タッチ&ゴー 代表取締役

合同フォレスト

はじめに

生保営業はなぜ「つらい仕事」だと思われるのか？

みなさんは「生命保険募集人」（以下、生保営業）に、どんなイメージを持っていますか？「きつそう」「なかなか契約が取れなそう」「人から嫌がられそう」「死亡や病気、ガンなど、いつも暗い話ばかりしている」「友達が減りそう」など、ネガティブな声も数多く聞きます。

実際、新入社員が100人いたとして、10年以上続いている生保営業は2、3人です。入社1年目でまず約半分が辞め、3年後には20人ほどに。5年後には10人、そして10年後にはほとんどいなくなっています。この数だけ見ていると、なかなか厳しい世界ですね。

その理由はというと、ずばり生活ができないからです。なかなか契約に結びつかないから売上につながらない。だから収入が得られない、食べていけないというわけです。

ここでちょっと自己紹介をしますね。

こんにちは。坂本正勝といいます。私も生保営業の一員です。

生命保険代理店としてさまざまな生命保険の商品を扱い、ありがたいことに、2022年度には外資生命保険会社の個人販売実績売上日本一に選ばれました。経営する生命保険代理店は、2010年度に設立以来、13期連続で右肩上がりの成長を続けています。販売実績は常に全国でもトップクラスです。**2021年、2022年と2年連続で変額保険販売実績全国1位**、2023年度はMDRT（Million Dollar Round Tableの略で、世界70カ国、500社の生命保険や金融サービスの専門家が集まったグローバル組織）の中の「TOT」（Top Of the Tableの略。MDRT入会基準の6倍の生命保険販売実績が必要で、全世界の生保営業の上位1％未満）に入賞しました。

ですが、もとは郵便局（現 かんぽ生命：以下、郵便局）の簡易保険（簡保：KAMPO）の営業職として、大阪をはじめ近畿地方を回っていました。その後、営業推進担当として営業職で培ったノウハウを、近畿管内の社員に向けて伝えることになりました。数多くの研修プログラムを企画・運営し、自然と保険商品が欲しくなる仕組みづくりを考案したのです。

独立後は、それらのノウハウを生保営業に生かしながら、独自のスタイルを築き上げました。その内容をよりわかりやすく、今すぐ使えるものとしてまとめ直したのが、本書です。

なぜ売上がなかなか上がらないのか？

では、なぜ大半の生保営業は売上が上がらないのでしょうか。それは、次の「**生保営業でやってはいけない5つのこと**」をやっているからです。

①商品を売ろうとする
②おもしろくない話をする
③身近な人に営業する
④すぐ契約に結びつけようとする
⑤契約をゴールにする

これを聞いて、「え？　商品を売らなくてどうするの？」と思うかもしれませんね。でも、**売ろうとしなくてもしっかり売れる方法がある**のです。

商品を売ろうとすると焦り、提案しようといきなり商品の説明をしてしまう。お客様にとっては、難しい話だからおもしろくないですし、つまらないから話も聞きたくない。だから、断られて、嫌われてしまう。

嫌われ続けるからつらくなり、手っ取り早く成績を上げようとして、身近な人に営業をしはじめます。相手はいきなり商品を売りつけられたと感じて、離れていきます。すると、ますます断られて焦り、契約を結ぼうと躍起になって断られ……と、負のスパイラルに陥ってしまうのです。

でも、商品を売ろうとしなければ、別につらくはありません。それに、商品を売り込まなければ、嫌われることもありません。商品を提案しなければ、断られることもないのです。

商品を売り込まなくても、提案しなくても、売上はしっかり上げられます。

私は、知り合いには自分からはまず営業に行きません。商品の話をするのは、相手から頼まれたときだけです。行きつけのお店の人は、私が生保営業をしているのすら知らないこともあります。無理に売りつけることはしないから、プライベートの友達や知り合いが減ることもありません。

そもそも、契約を結ぼうとも思っていません。いつも「いかに笑いを取るか？　ウケをねらうか？　相手を楽しませるか？」ばかり考えています。お客様からは、「いつもめっちゃ明るいよね。何がそんなに楽しいの？」「まるでお笑い芸人のようだね」と言われます（笑）。

無理していないから、はっきり言って仕事が楽しいです。

好きな場所に行き、好きな人に会いに行って、それらが収入に結びつく。良い仕事です。

私はこの方法をずっと続けてきました。一般的に言われる生保営業のセオリーとは真逆かもしれませんが、しっかりと成果を上げています。

楽しくてお金になる方法、知りたいと思いませんか？

私はぜひみなさんにその方法を知っていただきたいのです。それをわかりやすく、本書にまとめました。

第1章では、生保営業をする際にまず知っておいてほしい**「心がまえ」**について話しています。なぜ商品を売らなくてよいのか、商品を提案しなくてよいのか、ということから、保険を売る前にやっておきたいことまで伝えます。

第2章では、**3カ月間で一人前の生保営業として独り立ちできる「アルム式メソッド」**について話します。どれも私が実際に経験して「これは使える！」と実感した方法ばかりです。

第3章から第5章では、実際に生保営業の際に使えるメソッドを**「マインド」「コミュニケーション」「営業スキル」**に分けて、より具体的、実践的に紹介しています。今までにこのような方法を伝えてきた生保営業はあまりいないと思いますが、この方法を取り入れていくうちに、成果がグン！　とアップするはずです。

第6章では、お客様が自然と保険商品を欲しくなるような**「トークスクリプト（台本）」**を導入から商品トークまで16本紹介しています。順番に覚え、お客様に伝えるだけで、自然とお客様は商品に興味を持ちはじめ、「もっと話を聞きたい」「商品についてもっと知りたい」「商品が欲しい」と思うようになるはずです。

生保営業は、決してつらい仕事ではありません。正しい方法さえわかれば、自由にいろいろな人と話ができて、しっかり稼げる仕事です。話し下手でもまったく問題ありません。むしろ、話し下手な人のほうが成績を上げられるかもしれません。

あとで詳しく話しますが、生保営業に一番必要なのはトークでもスキルでもないからです。

- **これから生保営業をしたい**
- **今、生保営業をしているけれど、成績が伸び悩んでいる**
- **もっと上を目指したいと考えている**

右記に当てはまる方は、ぜひこの本を読んで、できるところからはじめてみましょう。だんだんと仕事が楽しくなり、しかも成果が目に見えて上がってくるはずです。

仕事を楽しみながら、しっかり成果も上げる。そんな生保営業になりましょう！

目次

第3章 【メソッド1】生保営業の基本となる成長マインドをつくる

第5章 【メソッド3】クロージングせずに契約が決まる営業スキル

第1章

売らなくても提案しなくてもうまくいく！

生保営業４つのポイント

01

売るのはつらい、だから売らない

「生命保険のセールスをしても、断られるのがつらいんです」

こんな声をよく耳にします。

たしかに、人に断られるのって嫌な気分になりますよね。ましてやそれが仕事なら、「自分に能力がないのかな」「私はこの仕事、向いていないのかも」と思い悩むかもしれません。

なぜ断られるか？　と言えば、「売りに行くから」です。「この商品はいかがですか？」と聞くから、「いりません」と言われるのです。でも、売らなければ、断られようもありません。

では、売りに行かなかったら、何をすればよいのでしょう？

それは、**「仲良くなりに行く」**のです（図1-1）。

私は、新入社員に常々、次のことを言っています。

「100人に提案するのではなく、100人と仲良くなろう」

別に売らなくてよいのです。知り合いになるつもりで行けばよい。お客様も提案されないから断る必要もありません。

断られる側も嫌だけれど、実は断ることもとてもエネルギーがいる、疲れる行為です。でも、それがないと両者の関係が悪化することもありません。自分にとってもお客様にとってもハッピーなのです。

かつては30万人の愛好者がいたらビジネスは成り立つといわれていました。つまり、ファンが増えればビジネスは成り立つ、ということ。今はYouTubeやInstagramなどのSNSがその主戦場です。生保営業でも、ファンを増やすには、まず仲良くなって絆を深めることからは

図1-1　提案ではなく、仲良くなる気持ちで

じめましょう。

じわじわと仲良くなることからはじめるので、手っ取り早く契約は取れません。でも、これを積み重ねていくことで、確実にお客様が増えていきます。

自然と口コミが広がり、自分で必死に営業しなくてもどんどん新しいお客様が集まってくるのです。私はこの方法を13年間続けています。

すぐに保険の話をして、商品を売り込もうとしても、相手は心を閉ざすばかりです。それよりも、まずは友達になるような気持ちで、お客様との距離を縮め、コミュニケーションを図るところからはじめましょう。

02 提案するから断られる、だから提案しない

生保営業でやりがちなことの一つに「**いきなり商品の提案をする**」があります。お客様がどのような方で、どのような悩みを持っていて、どのような保険を必要としているか?

などもわからないまま、いきなり保険商品の提案を行う。これでは断られても当たり前ですよね。

いきなり、個別の商品について提案するのではなく、まずは保険全体の「仕組み」や「制度」をお客様に伝えましょう。提案ではなく説明するだけですから、断られることもありません。

「保険というのはこういう仕組みで成り立っていて、こういうお客様には、こういった商品がすごく役に立つんですよ」ということを、順を追って話します。最終的にお客様には保険に詳しくなっていただき、**「プチ保険屋さん」になっていただくのです。**つまり、営業、売り込みではなく、「保険屋さんになっていただくための勉強会」のような感じです。お客様も知りたいことを学べるので、喜んでもらえます。

保険の仕組みを伝えるということは、保険制度の「手の内を明かす」ということでもあります。「裏側まで教えてしまっていいの？」と心配になるかもしれませんが、制度をきちんと説明することによって、お客様が納得できる保険商品の設計の仕方や契約の方法を知ってもらうことができるのは、私たちにとっても実は良いことなのです。
具体的な説明の仕方や順番は、第5章で詳しく紹介します。

03 保険を売る前にやっておきたいこと

生保営業に限らず、営業という仕事では「販売してこい！」と言われます。「何かを売りに行く」のが営業の仕事なのは確かです。でも、生命保険を売るのは実はとても難しいです。なぜなら、保険という商品は形のないものだからです。

車の場合、「トヨタの車が好き」「レクサスが好み」など、好きなメーカーや車種のほか、好きな色や形がはっきりしていることも多いですし、試乗して乗り心地や雰囲気を実際に試してもらうこともできます。ですから、商品を絞ることもできますし、比較的簡単に選ぶことができます。

一方、生命保険は無形の商品ですし、車のように色や形が違うわけではなく、実際に「お

1

試し」することもできませんから、好みの商品を見つけるのが難しいところがあります。

そういう意味では、生保営業の仕事というのは、お客様の望みを探り出し、保険商品という目に見えないものを目に見える形にすることといえます。つまり、**「その保険商品を手に入れたら、未来がどう変わるか?」**をお客様に具体的に思い描いてもらうことが重要なのです（図1-2）。

そのためにやるべきことは、生命保険の仕組みと役割を伝えた後、生命保険を利用したお客様が数年後、10年後、20年後にどのような未来を描くことができるか？ を

図1-2　お客様の欲しい未来を示し、共感してもらう

具体的に語ることです。たとえば、**「仮にご利用いただいたとして考えてみてください。」**リタイア後、病気になったとしても、安心して入院できるし、手術も受けることができます。そうして元気を取り戻したら、お客様の長年の趣味だった日本全国の温泉巡りもできますよね。このように、目標達成の先に夢が実現されるのです」といった具合です。

その未来にお客様が賛同してはじめて、「具体的に商品をどうするか？」を考える段階になるのです。

04 まずマインド、次にコミュニケーション、スキルは最後でよい

「どうしたらお客様に受け入れてもらえますか？」

こんな質問をよく受けますが、なかなか難しいですね。

というのも、お客様は100人いたら100通り、みなさん事情や背景が異なります。

「これさえやればいい！」とはなかなか言い切れないからです。

どんなタイプのお客様にも通用する生保営業になるためには、まず**「マインド」**、次に

図1−3　売れる営業の条件は「マインド」+「コミュニケーション」+「スキル」

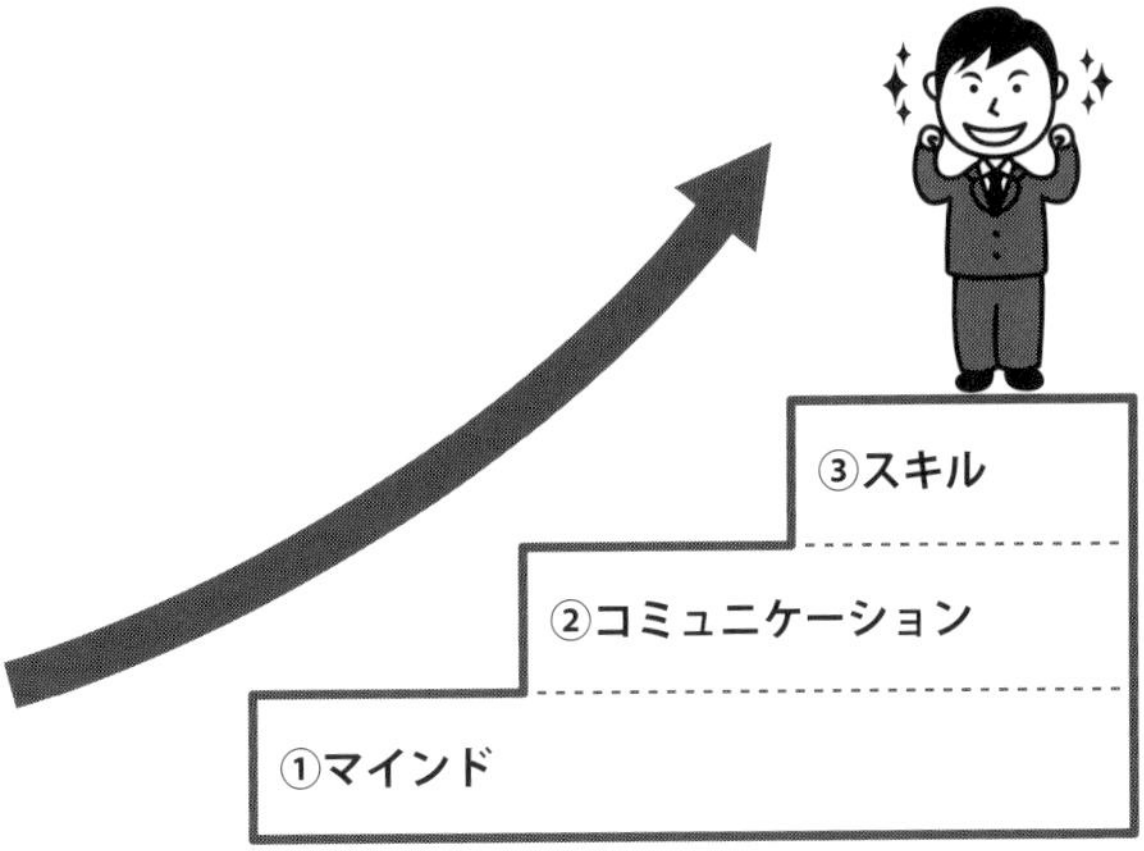

「**コミュニケーション**」、最後に「**スキル**」が必要です（図1−3）。

営業や交渉の際には、スキルよりも前に、相手との信頼関係を築くことが重要です。臨床心理学の用語ではこれを「**ラポール**」といいます。

お客様と自分は「歯車」と「ベルト」の関係。両者が一緒に回っていくイメージです。そのためには、お客様の調子に合わせる必要があります。

最初に「こんにちは」や「はじめまして」と言ったとき、お客様のリアクションは早いのか、遅いのかを観察してみましょう。それぞれに寄り添った対応が重要です。

たとえば、**お客様のリアクションが早い場合は、話す速度も早めにしましょう。逆にお客様のリアクションが遅い場合には話す速度をゆっくりめにします。**このようにしてお客様に合わせるのです。

あまり考えすぎる必要はなく、「これを話したら喜んでくださるかな」とか「これを差し上げたら喜んでくださるかな」とお客様の気持ちになって考えてみましょう。本当にちょっとしたことでよいのです。

これは私の会社の社員Aくんの話です。

Aくんはお客様のところへ訪問するとき、はじめはウエットティッシュなどのノベルティグッズを持って行ったり、自腹でお菓子を買って差し上げたりしていました。

あるとき、オフィスに社員の親戚のみかん農家から、形が不ぞろいで小さな傷がついているため出荷できない「訳ありみかん」が届いたことがありました。

Aくんはそのみかんを持って、「産地直送のみかんが手に入ったので、ちょっとですが食べていただこうと思って持ってきました」とお客様に配り歩いたのです。お客様には大好評で、「産地直送だなんて貴重だ」ととても喜んでもらえました。以来、毎年、年末年始にはそのみかんを配り歩くのがAくんの恒例行事になりました。

「お客様においしいみかんを食べてほしい」というAくんの**マインド**。「和歌山の有田《ありだ》の農家でつくったみかんで、味は間違いないのですが、皮に傷がついているだけで出荷のできないみかんです。実際に食べてとてもおいしかったので、ぜひ食べていただきたくて」という**コミュニケーション**。そして、「皮に傷があるだけで品質にはまったく問題ないので、ジュースにしてもおいしいですよ。みかんは剥いたら同じですものね」と伝えることでお客様との距離を縮め、「自分のことを考えてくれているのだな。また来てほしい」とお客様に思わせる**スキル**。この3つが揃っています。

市販のお菓子より産直のみかん。金額の問題ではありません。ちょっとしたアイデアがお客様との距離を縮めるカギになるのです。

「お客様はみんな違う」とはいっても、「十人十色」というように、トークもだいたい10パターンくらい用意しておけばよいでしょう。

乗合代理店大競合時代に考えるべきこと

今、日本には生命保険会社と損害保険会社がそれぞれ約50社ずつ、計100社近くあります。かつて保険代理店は一社専属といって「○○生命保険の商品しか売れない」「○○保険会社の介護の保険は取り扱っていない」「生命保険と損害保険は別々の人が売る」などさまざまな縛りがありました。

ですが、今は規制が緩和され、複数の生命保険会社や損害保険会社の商品を同時に取り扱えるようになりました。同じ人が生命保険も損害保険も売れるようになったのです（乗合代理店）。お客様からすれば、信頼できる生保営業に一度に相談できるようになったということです。

さらに、銀行の窓口でも生命保険商品を取り扱うことができるようになりました。お客様にとっては利便性が高まりましたが、生保営業からすると「競合が増えた」ということでもあります。

では、この大競合時代をどう乗り切ればよいでしょうか。

それぞれの保険会社が数多くの商品を出しているので、代理店の生保営業がそのすべてを把握するのはまず不可能です。私の会社では生命保険14社、損害保険4社の商品を取り扱っていますが、世の中のすべての商品を網羅しているわけではありません。

たとえば、A生命は死亡保障には強いけれど、医療保険は弱いなど、生命保険会社ごとに強い分野、弱い分野があります。**同じような保障内容だったら月々の掛け金は安いほうがよい**ですし、**お金を貯めるなら予定利率が高いほうがよい**と思うのが普通ですよね。

ここで重要なのは、お客様のニーズを解決する商品を持っているかどうかです。ですから、一社専属では十分ではありませんでした。

正直、私が扱っている生命保険商品にピッタリ当てはまらないお客様も出てきます。そんなときには、「お客様に私どもでできるのはここまでです」とはっきり言います。重要なのはお客様が安心して生きていくために必要な生命保険の商品を紹介することだからです。合わない商品を無理にすすめるのは決してお客様のためになりません。そのためには、「ない」と伝えることも大事です。

乗合代理店が競合する時代になりましたが、**絶対に忘れないでほしいのは「お客様の立場に立った商品選び」**です。販売手数料や自分に一番高いポイントがつく商品を売るという姿勢ではお客様に寄り添っていません。それを続けていては生保営業は長続きしません。

第2章

新入社員が3カ月で一人前になる

「アルム式メソッド」とは

01 お客様の心は〝後出しじゃんけん〟で開かせる

冒頭で話したように、私はかつて郵便局で簡保の営業推進担当を務めていました。

郵便局の簡保はどのような目的でつくられたかを知っていますか？

かつて民間の保険は、大金持ちしか加入できませんでしたが、郵便局の簡易保険は「国民に、簡易に利用できる生命保険を、確実な経営により、国民の経済生活の安定を図り、その福祉を増進することを目的とする。」（簡易保険法第1条）と定められ、大金持ちではない人も気軽に利用できる生命保険としてつくられたのです。

誰でも「簡易」に利用できる「保険」。それが「簡保」です。つまり、簡易保険はお金持ちが超お金持ちになるためのものではなく、国民の経済生活の安定を図るためのものなのです。

このように、簡保は大義名分の**「大義」**がしっかりしています。そのため、新規開拓で新しいお宅へ訪問した際に「何しに来たん？」と言われたら、「こういう大義で来ました」

といつもはっきりと伝えられることができました。

私は、生保営業でもこの**「大義」をお客様に伝えることが非常に大事**だと思っています。ですから、生保営業の際にはいつも最初にはっきりと訪問した大義を伝えています。たとえば「今日はお客様の老後資金の上手な貯蓄方法のお知らせでうかがいました」「学資金の上手な貯蓄方法のお知らせでうかがいました」とお客様にしっかりと伝えています。

ただ、その大義の内容はお客様との世間話から見つけます。「後出しじゃんけん」と同じです。後出しじゃんけんってほぼ勝ちますよね。それはなぜかといえば、相手の「手の内」を先に知るからです。生保営業の大義も後づけでよいのです。

まずはお客様との会話からヒントを見つけた後に、「私は○○のためにやってきました」と、さも元から考えていたかのように伝えます。ちょっとずるいように感じるかもしれませんが、生保営業の立派なテクニックです。

02 簡易保険の営業教育で培った、お客様に寄り添う姿勢

「難しいことをわかりやすい言葉で、簡潔に伝える」

これは、郵便局で営業教育を担当してきたときからずっと大切にしていることです。

難しいことをわかりやすく伝えるのは、実は簡単なことではありません。

人はつい、自分の知っている専門用語を使いがちです。たとえば、解約返戻金、保険金、入院給付金など、テキストで習ったままの言葉を使うほうが楽かもしれません。

でも、これらの用語は、お客様にとってはどれもなじみのない言葉です。難しい言葉を聞くだけで、ただでさえわかりにくい仕組みをさらに難しく感じてしまうでしょう。

商品について説明をする際には、**なるべくお客様が知っているような、わかりやすい言葉に置き換えること**が大切です。ときには、具体例を挙げながら話しましょう。

たとえば、いきなり給付金という言葉を使うのではなく、**「入院したらもらえる入院代の**

ことを入院給付金といいますが……」とひと言添えます。そのほうがお客様も理解しやすいはずです。これはつまり、「お客様に寄り添う」ということでもあるのです。

成果の上がらない生保営業は、「お客様」ではなく「自分」に寄り添いがちです。

生命保険の仕組みは一般の方には特にわかりにくいです。それをいかにわかりやすく、簡単な言葉で伝えることができるか。そうすることによって、お客様に生命保険に対する正しい知識を知ってもらうことができます。

たとえば、生命保険の商品内容には「貯蓄」部分と「掛け捨て」部分があることをきちんと説明します。というのも、たいていどの生命保険商品でも、貯蓄部分と掛け捨て部分がセットになっているからです。「主契約」や「特約」という名前で保険内容が何種類も重なって一つの保険になっているのです。ところが、ほとんどのお客様はそのことを知りません。そこで、「基本保険料はこの部分」「貯蓄分はこの部分」というのをはっきりわかるようにお客様に伝えます。

同じように、解約返戻金についても、「1年目に解約されたら○%、2年目では△%、10

年目は□%になります」と正直にわかりやすく伝えます。

メリットもデメリットも、丁寧に話す必要があるということです。誤認されたまま加入し、お客様がいざ利用しようとしたときに、「こんなはずではなかった」「騙された!」などと思うようなことがあってはいけません。

つい、メリットばかりを強調して気に入ってもらおうとしがちですが、デメリットもきちんと正直に説明するようにしましょう。

わかりやすい言葉で説明すると、「わかりやすかった」「親切にしてもらった」「なにかあったらあの人に頼めば安心だ」という思いだけはいつまでも鮮明に残ります。

その記憶は、人から人へとつながっていきます。「あの人の説明、本当にわかりやすかったのよ」「あの人に頼めば大丈夫よ」が連鎖的に増えていくのです。**「アナウンス効果」「口コミ効果」**といわれるものです。このように、お客様に寄り添った営業は、お客様の心にしっかりと刻まれます。

生保営業の経験が短い人はもちろん、長い人も、お客様にしっかり寄り添う姿勢は忘れないようにしましょう。

03

足で稼いだ情報と体験が生きた学び

「強いものが生き残るのではなく、時代の変化や環境に適したものが生き残れるのだ」

生保の営業教育の際には、こんな話を聞くことがよくあります。

ダーウィンの進化論のようですが、この言葉は生保営業にも大いに当てはまります。

生保営業は、年代も職業も環境も性別も異なるさまざまな方たちと話す機会が多くあります。年代によって、流行っていたテレビ番組やおもちゃなどは全然違いますし、思考も異なります。いかに、その方たちに適したコミュニケーションを取るのかがポイントとなります。

私は常に、「どの年代、どういった環境にある人が、どのような発想を持つのかな?」と考え、機会があれば話を聞くようにしています。

また、「職種ごとに考え方やニーズも違うかもしれない」と考え、新規開拓で同じ職種の方を集中的に回ったこともあります。あるときは、肉屋さんのことを知るために肉屋さんだけを連続して訪問しました。そのおかげで、肉屋さんの手が空く時間帯もわかりましたし、肉屋さんの悩みや事情にも少し詳しくなりました。

あるときは「地域ごとに考え方やニーズが異なるかもしれない」と考え、地元の大阪を中心に兵庫、京都、奈良、和歌山、それから北陸地方の富山や関東地方の東京、神奈川、埼玉などにも足を運びました。そこでわかったこともあります。

集団を好む方が多い地域では、「みんな、どうやっているの?」と尋ねられることが多くあります。そのような場合には、「みなさんには、生命保険の加入内容のチェックをしていただいております。ただし、あくまでもチェックであっておすすめでも強制でもないのでご安心ください」と伝えています。また、貯蓄が好きな方が多い地域では「掛け捨てが嫌いだから保険ではなく貯金をしている」という話を聞き、それ以降「掛け捨て」という言葉を極力使わないように気をつけています。

このように、**自ら足を運んで稼いだ情報や体験は生きた学び**になります。ですから、しっかりと足で情報をつかみ、自ら体験をしていきましょう。

04

心をうつのは知識よりも経験

生保営業を続けていると、商品の知識など自分が勉強したことをお客様にしゃべろうとしがちです。でも、**お客様の心に響くのは、勉強して得た「知識」よりも自分が「経験」したこと**です。私がかつて郵便局で簡易保険の商品を売っていたときの失敗談や、そのときに出会ったお客様との話は今でもよく使っていますし、けっこうお客様ウケも良いです。

若いうちはまだ経験も浅いですし、自分で経験できることには限りがあります。ですから、お客様、先輩や身近な人など、誰かほかの人の体験でもよいと思います。

私が郵便局の簡易保険担当だった頃は、3カ月に1回ほど勉強会を開いていました。自分の周りにいる人たちを集めて、みなさんが経験したことや話題を聞くようにしたのです。そこでは自分が経験できなかった失敗談や成功談がいっぱい出てきたので、営業する際のネタとしてとても役に立ちました。

生保営業においては、暗記して勉強したものよりも、自分が体を張って経験した体験談

客様を持っていなかったのです。

そこで私が考えたのは、次の手順で生保販売を進めていく方法でした。

①マーケティング活動で、周囲のお客様のニーズを探る
②「お客様のニーズ×自分たちの戦略」をかなえる拠点をつくる
③②を踏まえながら、店舗を拡大する

①～③の方法について、順番に詳しく説明していきます。

①マーケティング活動で、周囲のお客様のニーズを探る

はじめに行ったのは、**マーケティング活動**です。まず、「来店型の保険相談ショップをオープンしました」という触れ込みで、事務所の近隣の方にヒアリングすることからはじめました。具体的には、保険に入ったきっかけや誰から加入したかを聞きました。

すると、ほとんどの方が「近所の知り合いや遠い親戚のおばちゃんがやっていたので入った」と答えたのです。しかも、多くの方が「保険商品に満足していない」「保険商品のことはよくわからない……」と口を揃えて答えました。思わず、「何のために入っているのですか？」と聞いたところ、「入っておかないとなんとなく不安だから」と言ったのです。

マーケティング活動をしてわかったのは、**お客様は今加入している商品に満足もしていなければ、納得もしていない。**けれど、加入していないと心配という理由から、生保営業に言われるがまま加入している人が多かったというわけです。

筆者がオープンさせた来店型保険相談ショップ

2

②「お客様のニーズ×自分たちの戦略」をかなえる拠点をつくる

マーケティング活動をして、お客様の動向がわかったら、次は「拠点づくり」です。みなさんの目に止まるような場所にお店（路面店）を構えることにしました。

場所は病院に行く坂道の途中で、バス停の前でした。「お客様に気軽に訪れてもらいたい」という思いと自分たちの戦略をマッチングさせた結果、病院の近くがよいのではないかと考えたのです。

病気で具合の悪い方も多いだろうからと、店の前にイスを置くことにしました。すると、病院に薬を取りに来た高齢者の方などが行き帰りの途中、そのイスで休憩するようになったのです。週1回、月1回と定期的に病院に通う方が多く、だんだんと顔なじみになっていきました。

そのうち、その方たちと少しずつ話をするようになり、やがて保険の話も聞けるようになりました。「私は病気だったから、保険に入れないし」と話す方が意外と多いこともわかりました。そこで、生命保険の正しい知識をもっと多くの方に知ってもらおうと考えました。

先ほどの方には、「毎月、高血圧の薬を処方してもらっているだけですよね。3カ月以内に手術と言われなければ加入できますし、この1、2年以内に手術をしていなくて、5年以内にガンや肝硬変、統合失調症になっていなければ、85歳まで申し込める生命保険はありますよ。そんなに高くないですよ」と言いました。すると「え、私、保険に入れるの？」と喜んでもらえることも増えました。

③②を踏まえながら、店舗を拡大する

そのうち、もっと多くの方に正しい生命保険を知ってもらいたいと、スーパーにも出店しました。生活している人が多く出入りする場所だからです。1店舗目もそうですが、あくまでも「②『お客様のニーズ×自分たちの戦略』をかなえる拠点をつくる」に挙げたように、**お客様のニーズと自分たちの思いを掛け合わせることが重要**です。そこで、病院の近くやスーパーの食品売り場の前など、生活に密着している場を選んでいきました。このようにして店舗を拡大していったのです。

お客様が身近に通う、スーパーのレジ付近に出店していったことで、徐々に認知度が高まり、気軽に立ち寄れることから生命保険の相談に来られるお客様が増えました。

「賢い保険の入り方」と称し、わかりやすい生命保険加入方法を説明した結果、来店客は大幅に増え、売上も連月、新記録を更新するまでになりました。

06 成功体験のシャワーでみるみる自信をつける

私の会社では、新入社員に基礎教育を行い3カ月で独り立ちさせます。それがなぜできるかといえば、**最初の3カ月で成功体験を思いきり積ませるから**です。

成功体験は自信につながります。成功体験をたくさん蓄えておくことで、勤続年数に関係なく「一人でやれる!」という自信が持てるようになるのです。逆に成功体験が少ない人は、半年経っても1年経っても、一人前にはなれません。「一人でやれる!」と思い込めないのです。

小さな目標を確実にこなし、積み重ねていくことが自信につながります。

たとえば、「今日は10人にこの話をしよう」でもよいと思います。ちょっと心がければできるような小さいこと。それをたくさんやって「できた！」を増やしていくのです。

どんなトップセールスでも、はじめから契約をたくさんもらえる人はいません。私も最初はそうでした。

自分一人の力だけで成功体験を積み重ねることは簡単ではありません。その課題を解決するために、基礎研修を考案しました。もちろん、並行して実務での上司によるサポートも欠かせません。たとえば、自分の力で契約のきっかけだけつかんだら、あとは上司にバトンタッチ。上司にお客様とクロージングをしてもらい、契約まで持っていってもらうのです。このように、はじめのうちは上司と二人三脚で営業活動を行い

トップセールスの筆者も、最初は契約が取れなかった

ながら、成功体験を積み重ねていきましょう。

当然のことですが、業務知識は3カ月ですべて学べるわけはありませんが、生保営業に一番大事な **「お客様の役に立ちたい」という考え方は3カ月あればしっかり育ちます。** 知識はそのあと勉強していけばよいのです。

まずは成功体験を積み重ねて、自信をつける。

これが、アルム式メソッドの土台です。

07 わざとできない営業を演じてみる

営業においては、上司からのプレッシャーもかかることから、「失敗したらいけない」「上手にやらなければ」「きちんとやろう」とつい考えがちです。でも、「うまくやろう」とすればするほど、萎縮し失敗してしまいます。

ですから、「きちんとやらなきゃ」と思ったときには、あえて「下手」を演じてみましょう。自分が考える「できない営業」をやってみるのです。

たとえば、お客様にお会いしていきなり、「生命保険のおすすめにきました」「どんな保険に入っていますか？」「生命保険の加入相談でご近所を回らせていただいています」といったラポールのない言い方をあえてしてみましょう。おそらく、**百発百中で断られるはず**です。

また、そのときのお客様の反応を見てみましょう。あきれるか、嫌悪感をあらわにするかのどちらか。いずれにしても、好意的な表情ではないことがよくわかるでしょう。

このとき、注意することがあります。たとえ、お客様があきれていても、断ったとしても、まったく気にする必要はありません。なぜなら、できない営業を演じているだけだからです。自分自身が本当にできないわけではありませんから、何を言われたとしても、ショックを受けることもないはずです。

また、お客様の反応がイマイチのときも気にしないことが大切です。「やっぱりこのやり方はダメなんだな」ということを、身をもって経験できる機会ととらえましょう。**トライアンドエラーを繰り返しながら自分なりのコツをつかんでいってほしい**と思います。

「人生ゲーム」というボードゲームをご存知だと思います。「1回休み」「3マス戻る」「全額没収」など、ゴールするまでにはたくさんのトラブルや不幸のネタが待ち構えています。数々の困難を乗り越えてゴールするからこその面白さや達成感がありますが、何事もなく、良いことだけしか起こらないままゴールしても、つまらないですよね。

実際の人生も同じです。いってみれば、人生はゲーム。毎日の生活の中で、良いことも悪いことも次々に起こるなか、それらをどうやって乗り越えて次のステージに進むかの冒険です。こう考えると、少し気持ちが楽になりませんか？

いろいろなことがあるからこそ人生は面白いですし、盛り上がるのです。だから、失敗を恐れないでください。そして、「失敗しちゃいけない」という気持ちに取りつかれたときには、あえて下手を演じてみましょう。

08

契約をゴールにしない

保険の契約をいただけたときには、とてもうれしいですよね。気持ちはよくわかります。

でも、契約を「ゴール」にするのはやめましょう。「契約＝ゴール」だと思っている人は長続きしません。保険の契約は「スタート」に過ぎないからです（図2-1）。

本当のゴールは、もっと先にあります。お客様が保険商品を契約してくれて、いつかはわからないけれどその保険商品を利用するときがきます。そのとき、**「ああ、この商品を使ってよかった」と思ってもらえて、はじめてゴールにたどり着きます。**だから、契約したら終わりで、その後連絡もしないというのはダメなのです。

ときには、「これだけ契約をもらえたらいくらもらえる」と皮算用したくなるかもしれません。実際、研修でも「100件契約したら家が建つ」とか「1万件契約したらビルが建

図2−1　ゴールは契約のもっと先にある

つ」という知識を植えつけられます。でも、「契約＝お金」と考えお金を追いかける人は、ギラついたところが自然と顔の表情やしぐさにあらわれます。そして、残念ながら本当の意味でのお金持ちになっている人は少ないです。

自分一人が儲かるために動いていると、周囲の人は味方になってくれませんし、そういう空気をお客様は敏感に察知します。

契約はあくまでもお客様のため。そして、お客様とのおつき合いのスタートにすぎない。そういう気持ちが大切です。

09

関係構築は急がずベストタイミングまで待つ

「契約に至らなかった人が、もしその日の晩に交通事故で亡くなったらどうしますか？」

生保営業向けの最初の研修では、よくこんな話が出てきます。

あのとき契約を取っていなかったから、遺族は大変な目に……ということですよね。つまり、「今、すぐ」契約を取ってくることを求められているのです。でも、私はどんなものにも「タイミング」があると思っています。生命保険の契約も同じです。

突然ですが、アスパラガス畑って見たことありますか？

北海道などに行くと、地面から顔を出しているアスパラガスを見かけることがあります。アスパラガスは25センチくらいに成長した頃収穫するのが、太さ・長さ・味の点でもベストタイミングだそうです。それ以上放っておくと、どんどん茎が太くなり、皮もかたくなっておいしくなくなります。

逆に、それより早い段階で刈り取ってしまったら細くて丈も短いので、売り物にはなりません。やはり、ほどよく育ったときが一番おいしいですし、見た目も映えます。

実は、生命保険の営業もこのアスパラガスと同じです。

アスパラガスを育てるように、**お客様との関係もじっくり丁寧に、時間をかけ、信頼関係を育てていきます。**アスパラガスがほどよく育った状態、**保険営業でいうなら、お客様との距離が近づいてお客様が心を開いてくれた状態になってはじめて保険の話をします。**

つまり、ベストタイミングまで待つことが大事なのです。

契約は決して焦らないこと。

「早く契約を取らなきゃ」と焦りを覚えたときには、アスパラガスを育てているつもりになって、はやる気持ちを抑えましょう。心の中で「アスパラを思い出せ！」と唱えてみてください。

10 「今か？　将来か？」の二択で伝えると断られない

保険の仕組みや制度を説明し、お客様に合った商品について話をした後には、つい「この生命保険に加入しませんか？」とすすめたくなるかもしれません。でも、この聞き方では、「入りません」と断られることもおおいにあります。

断られると気持ちがへこみますよね。

お客様に断られないようにするには、

「加入しませんか？」

と質問をする代わりに、

「今すぐ加入していただいてもよいですし、将来ご自分で必要だと思ったときに加入していただいてもかまいません」

と伝えます。

ポイントは「今か将来か」の二択で伝えることです（図2-2）。

すると、お客様は逃げることができます。「今回は保険に入らないけれど、いつか自分に

図2-2　二択で選んでもらう状況をつくる

生命保険が必要だと感じるときがきたら、そのときに加入を考えます」という切り返しができます。「加入するか？」「加入しないか？」に答えるわけではなく、「今加入するか？」「将来加入するか？」を問うので、お客様も気持ちを素直に伝えやすくなりますし、提案を断るわけでもないので、お客様にとって負担にもなりません。

その場合にはすかさず、「こういうのはご縁なので。もしかしたら別の担当者が回ってくるかもしれません。そのときに『頼もうかな』という気持ちになっていただいたら、私ではなく別の人に依頼してもいいですよ。あ、でもやっぱり私のほうがいいかな。私、親切やし（笑）。　名刺をお渡ししておきますね」と伝えながら、名刺を渡します。

一度断られた家を訪ねるのはちょっと難しいですが、この場合は「加入しない」と断られたわけではないので、後日また訪ねることができます。

正面から、「いりませんか？」「どうですか？」「やりませんか？」と聞くと、相手は「イエス」か「ノー」かで答えるしかなくなります。そして、ノーと言われたら、次のチャンスはほぼないに等しくなります。でも「今やりますか？　将来ですか？」という問いであれば、イエスかノーでは答えられません。ノーと言われない限りは、次のチャンスもありますから、また訪れることもできるのです。

11 聞き上手より質問上手が最強

営業のノウハウ本などを見ていると、保険の営業は「話し上手」より「聞き上手」がよいと書かれていることが多いように思います。

でも、私は**「質問上手」が一番**だと思っています。

ただ黙っていても、お客様は話してくれません。聞くのももちろん大事ですが、その前に**お客様が話すきっかけをつくることが重要**となります。うまくお客様に質問できるかどうかを知っている人は強いです。

生保営業に関して、私はいくつか「公式」を持っているのですが、その一つが**「短い質問と長い質問を織り交ぜる」**です。

たとえば、「血液型は何型ですか?」と聞いたら、選択肢はA・B・O・AB型の4つしかありませんので、お客様はすぐに答えてくれます。これが「短い質問」です。ほかには、イエスかノーで答えられる質問などもあります。

長い質問とは、「将来、どのように考えていますか?」など、選択肢から選ぶのではなく、お客様の考え方を自由に話してもらうものです。

短い質問と長い質問を3:1の割合でしていきます。短い質問を3つしたら、長い質問を1つするといった具合です。たとえば次の通りです。

【質問の例①】
短い質問　何人家族ですか？
短い質問　お子様は何年生ですか？
長い質問　お子様の進学・将来についてどのようにお考えですか？

【質問の例②】
短い質問　いつ加入されました？
短い質問　月にいくら払われています？
短い質問　いつまで支払われます？
長い質問　老後時期は何歳くらいからとお考えです？

長い質問ばかりしても答えてくれないですし、逆に短い質問ばかりだと尋問しているみたいになり、お客様は警戒します。短い質問を3つしたら、長い質問を1つはさむ。このバランスを取ることで、お客様は気持ちよくしゃべってくれます。
また、この公式を身につけておくと、世間話をしながらお客様の現状やニーズを無理なく引き出すことができるのです。

12 トップセールスに口下手が多い秘密

生保営業は「トークが武器」だと思っている人が多いかもしれません。実際、流れるようにセールストークをする方もいますが、そういう人は決してトップセールスではありません。彼らは自分の持つ専門知識を話すことで、自分のホームグラウンドにお客様を引きずり込み、不安にさせるのがねらいです。

一方、トップセールスはその逆をやっています。つまり、お客様のホームグラウンドに飛び込み、**お客様に話してもらい、安心してもらいます。**すると、お客様は心を開いて、「この人ともっと話をしたい」と思うようになるのです。

年に数回、全国の成績優秀な生保営業が集まる機会があります。ありがたいことに私も毎回ご招待いただいているのですが、ほかの参加者たちを見ていると意外にも人前では全然しゃべれないとか、発表もそれほど上手ではない人が多いのです。

でも、そのような人のほうが良い成績を上げています。なぜだと思いますか？　実際にその人たちと話をしてみると、ものすごく聞き上手で、そして質問上手です。思わず「この人とずっとしゃべっていたい」と思ってしまうような魅力がありました。人柄の良さが全体からにじみ出ているのです。こういった人間力の高さがトップセールスになる要因といえます。


生保営業に限らず、営業の場合はつい、「セールストークがすべて」と考え、話術を磨くことを最優先してしまいがちです。話しながらどんどん自分のしゃべりに酔っていくこともよくありますが、たいていの場合、気分が良いのは自分だけで、これに反比例して、お客様のテンションは右肩下がりにどんどん下がっていきます。こうして、両者に温度差が生まれてしまうのです。

こうした事態を避けるためにも、自分はしゃべりすぎないこと。そして、お客様の表情をよく確認し、先述した**「短い質問3：長い質問1」**のバランスで、上手に質問を重ねていくことが大事です。

13 気持ちの「温度」を見極める

たとえば、ここに人の気持ちの盛り上がり具合を測れる温度計があるとします。お客様の気持ちの温度が0度からスタートしたとして、話をしていくうちにその温度がどんどん上昇していったらよいですよね。温度が高い状態のときに保険商品の話をし、その商品を選んでいただけたら最高です。

ところが、いつもお客様の気持ちの温度が上がるとは限りませんし、話しているうちにどんどん下がっていく場合もあります。そのことにまったく気づかず、逆に自分の気持ちの温度だけが上がった状態で、「では、この商品とこちらの商品、どちらにしますか？」と聞いたらどうなるでしょう？　断られるのは目に見えています。

自分とお客様との間に、気持ちの「温度差」をつくらないようにしましょう（図2－3）。商品の話をするのは、お客様の気持ちの温度がある程度高くなったときです。お客様の気持ちの温度が今どのくらいなのか、見極めるポイントがいくつかあります。

図2–3　お客様の心の温度を見極める

●これまで反応が薄かった人が、「うんうん」「なるほど」とうなずきはじめるようになった

●「こういう場合はどうなの？」と自分に当てはめて質問をしはじめた

●少し前のめりになり、顔が真剣になってきた

●「実は……」と自分の話をしはじめた

このようなサインを見逃さず、お客様が「自分にも保険が必要かもしれないな。加入しようかな」という気持ちが湧いてきたときを冷静に見極め、そのタイミングをねらってはじめて保険の話をするようにしま

しょう。

14 心を開かせる3つのステップ

生保営業でやりがちなのは、契約を取ろうとする気持ちが先走るあまり、「一生懸命しゃべりすぎる」ことです。先述したように、自分とお客様との気持ちの温度が同程度でないと、お客様の心の扉は閉じてしまいます。

お客様の心を開かせるには、次の3つのステップで話を進めていくとよいでしょう。

ステップ① 誰にでも受け入れられる話をする

ステップ② お客様に関連することで気軽に答えてもらえるような話をする

ステップ③ お客様が関心のあることで、保険に結びつきやすい話をする

◆**ステップ① 誰にでも受け入れられる話をする**

具体的には、季節や天気の話などです。「だんだん暖かくなってきましたね」「昨日はすごい雨でしたね」などの時節の挨拶です。

時事ネタでいえば、ニュースになっている話題。たとえば、「大リーグの大谷選手がすごかったですね」とか「AIで世界が変わっていくようですね」「出生数が初めて80万人を切ったようですね」「台風が近づいてきているので注意してくださいね」など、新聞やテレビ、ネットニュースなどで誰でも目にすることができる話です。

◆**ステップ② お客様に関連することで気軽に答えてもらえるような話をする**

少しプライベートな話題に踏み込んでいきます。たとえば、お客様の住む家の庭先にお花が植えてあったら、「キレイな花ですね」「お花、好きなんですか?」と言ってみるなどです。

私は以前、花の名前にまったく詳しくなかったので、どんな花を見ても「この花、キレイですね」と言うようにしていました。あるとき、お客様に「これ、すごくキレイな花ですね」と言ったら、「あんた、この花の名前知っているの?」と聞かれました。パンジーだったのですが、当時の私はわかりませんでした。なので、正直に「すいません、わからないです」と言いました。すると、「この花はね……」と1つひとつ名前を教えてもらい、そのあと話が弾みました。

最後には、「あんた、花がキレイだと思える子なのね」と言って保険に入ってもらうことができたのです。花の話一つから、このように契約につながることもあります。

◆ステップ③　お客様が関心のあることで、保険に結びつきやすい話をする

少し話が盛り上がってきたなと思ったら、お客様の関心がありそうなことで、保険に結びつきそうな話をします。

たとえば、まず「健康の秘訣は何ですか？」と切り出し、いろいろな健康にまつわる話をします。そのあと、「歳を重ねるにつれて逆に元気になることはあまりないですよね。万が一、入院や手術になった場合や、がんになって治療が長引いたら、体はしんどいし、お金もかかる。精神もしんどくなりますよね」など、お客様自身が主人公になるような会話をします。

こうして、少しずつお客様との距離を縮め、お客様の心の扉を開いていくのです。それとともに、お客様の心の温度も上がっていきます。

最後には、お客様が主人公になるような話をしますから、保険の話も自分事としてスッと受け入れてもらえるようになるはずです。

社員を消費する残念な会社

これまで数多くの会社を営業で訪問し、拝見してきましたが、良い会社は社員1人ひとりを大事にしています。そして、社員も「自分の会社」という自負があるように思います。でも、そのような会社はまだ少ないですね。

法人提案で会社を訪問する際には、その会社の社長に**「何かあったときのために、社員全員に生命保険をかけていたら、社員の家族も安心ではないですか？」と聞いています。**すると、こんな返事が返ってくることがあります。

「業績がいいときには、会社は社員にボーナスを弾む。けど、会社の業績が悪くなったとき、社員が金を貸してくれることないやろ」

つまり、会社の業績が悪いとき、社員は助けてくれないから、社員に生命保険をかけてあげても仕方ないということでしょう。これが社長のホンネです。

でも、社員を消費するだけでは社員も育ちませんし、なにより会社が育たないと私は思います。社員のためになることをすることで、会社も大きく成長していくと思うのです。

自慢のようになりますが、私の会社では社員が喜ぶこと、社員のためになることをできるだけやるようにしています。社員にうれしい気持ちになってもらい、そこでためたエネルギーを仕事に生かしてほしいと考えるからです。

たとえば、社員が入社する際には制服としてオーダースーツを手配したり、他には、社員の福利厚生費としてバイクの免許取得費用を出したり、海外旅行や食事会を開催したりもしています。

会社を「自分の会社」だと思ってくれている社員も多いです。ありがたいことに、「俺たちの会社だから、社長についていかなあかん」「俺たちも一緒に社長の神輿《みこし》をかつぎたい」と思ってくれる人たちが増えています。

社員のエネルギーを消費するのではなく、エネルギーを蓄える手助けをする。一見、時間も手間もかかるやり方に見えるかもしれませんが、実はこれが会社を強くする、一番確実で手堅い方法だと思います。

代理店をやりはじめた当初、保険会社から「保険業界ではそんなやり方しちゃダメだよ」と言われたことも多くありましたし、「異端児」という烙印を押されたこともあります。でも、営業成績は、現在まで13年間、右肩上がりで伸び続けています。結果が出ているのです。これが「答え」だと私は思っています。

第3章

【メソッド1】

生保営業の基本となる成長マインドをつくる

01

生保営業はマインドが8割

第1章でも話しましたが、**生保営業で一番大事なのは「マインド」**です。次に「コミュニケーション」、最後に「スキル」です。

私はマインドが8割だと思っています。コミュニケーションやスキルなどはあとから何とでもなります。

営業トークも同じです。「マインド」にコミュニケーションとスキルがプラスされることではじめてお客様の心に響くのです。

ですが、実際には「スキル」が先行していることが多いです。生保営業の研修では、たとえば「提案を断られたときにどう切り返すか？」「『お金がない』と言われたとき、どのように答えるか？」「『考えておきます』と言われたらどうするか？」「話の切り出し方は？」「アプローチの仕方は？」など、「点」で習います。これらはすべてお客様とのコミュニケーションの一場面を切り出したパーツに過ぎません。

でも、本当はお客様とのコミュニケーションは「線」にすること、つまり一連の流れをつくることが大切なのです。

そのためには、わかりやすい言葉で、お客様にわかるように話します。難しい漢字を使うのではなく、平易なひらがなを多用するイメージです。

営業でよくやるのが、業界用語や横文字、カタカナ言葉でしゃべることです。話しているうちに、それらを使ってしゃべる自分がなんとなくかっこよく思えて、自分に酔いしれることも多いです。でも、**お客様の心に響くのは「普段しゃべっている言葉」**なのです。

生命保険の世界はお客様にとって未知の世界です。生命保険の業界用語はお客様にとって意味のわからない外国語と同じなのです。だから、暗記して覚えたセールストークをそのままお客様にぶつけたところで理解してもらえなくて当然。お客様の言葉、つまり日本語、それも小学生でもわかるひらがなに「通訳」する必要があるというわけです。

たとえば、通りすがりの方にスワヒリ語でしゃべったとしても、通常、意味は通じないですよね。身振り手振りでなんとなく言いたいことはわかるかもしれませんが、十分なコミュニケーションは取れません。それと同じことです。

そして、コミュニケーションのベースに流れているのは「童謡」のようなものだと私は思っています。ラップでもハードロックでもなく童謡。ゆったりと流れるあの感じです。童謡というと、どんな曲が思い浮かびますか？　たとえば、「さくら」とか「チューリップ（さいたさいた）」などのメロディを思い出してみてください。どことなくのんびりしていて、穏やかな音調ですよね。日本人の心のどこかには、この童謡のようなゆったりのんびりしたリズムが流れているのではないでしょうか。だから、このリズムにふれると落ち着くのです。

営業も童謡のリズムに乗って、焦らず、前のめりにならず、ゆったりと。

お客様に合った言葉で、わかりやすく、話してみましょう。

お客様の心に響く度合がまったく違いますよ。

02 同業者から失敗談を聞き出そう

多くの生保営業の方は、なぜか集団を好みます。しかも同業者と一緒にいることがとても多いように思います。一緒に飲みに行って、上司の悪口を言ったり、「売れないのは世の中のせいだ」とくだを巻いたり。

でも、仲間同士で傷のなめ合いをしていても、残念ながら何の進歩もありませんし、成長しません。たまに、居酒屋で明らかに生保営業と思える人たちが業界の話をしている場面に出くわすのですが、そのたびに「時間がもったいないなぁ」と思ってしまいます。

それから、仲間同士で「セールス、どうやっている?」と探り合っているのもよく見かけます。でも、そのやり取りから良い方法を聞けると期待しないほうがよいでしょう。**自分のやり方は絶対にほかの人には教えないのが、生保営業の常識**だからです。保険業界は非常にクローズドな世界で、自分のワザはすべて「個人のもの」。だから独り占めして、絶対に教えないという慣習のようなものがあります。

実際、生命保険のトップセールスは数多くいますが、自分の営業ノウハウを世に広めようと考える人はほぼいないのが現状です。売上が上がると上司からほめられますし、保険会社から表彰されます。ライバルは一人でも少ないほうがよい。だから、わざわざ自分のライバルを増やすようなことはしないのです。

でも、**私は同業者からほめられたり会社から表彰されたりするより、お客様に「ありがとう」と言ってもらうことこそが最高の勲章だと思っています。**だから、私は本書を執筆したり、生保営業向けの学校をつくったりして、自分がこれまでに築き上げてきた成功ノウハウを少しでも多くの方に知ってもらいたいと思っているのです。これは、私が異端児だからできることかもしれません。

もし成績を上げている同業者にその秘訣を聞きたいのなら、**「成功するための方法」ではなく「失敗する方法」を聞いてみましょう。**成功する方法を聞いたところで、まずホンネは教えてくれません。

でも、失敗する方法なら意外と教えてくれるものです。

「どうやったらうまくいく？」ではなく、「どうやるとダメかな」「どうすると失敗すると思う？」と聞いてみましょう。そして、それと反対のことをやってみるのです。

03 「今すること」と「今後すること」を明確にする

仕事でもなんでも、「順番」は大事です。「優先順位」とも言い換えられるかもしれません。**「今しかできないこと」「今やっておいたほうが効果のあること」**はすぐ行うこと。いつでもできること、今やらなくてもよいものは後回しにします。

たとえば、「同僚と飲みに行く」「遊びに行く」などは、別に今日やらなくてもいつでもできることですよね。でも今日、好きなアーティストのコンサートに行くのは、当然、今日しかできないことだから、優先するということです。

「効果的な順番」もあると思います。たとえば、食事をするときに野菜から食べたほうが消化の関係で痩せやすく、体にも良いといわれています。だから、サラダから食べると決めるのもよいでしょう。

それから、「今やっておかないと、将来できないこと」もあります。スポーツを例に取って考えてみましょう。体力のあるうちでないとできないものと、年を取ってからでもできるものがありますよね。ジェットスキーは若いときにやっておかないと体力的にきついのではないでしょうか。私はそのように考えて20代のうちにはじめました。

一方、ゴルフは体力が落ちてからでもできると思って若いうちはやりませんでした。そして、50歳を過ぎて体力の衰えを感じはじめた頃、ついにはじめました。もちろん、20代の頃からゴルフをやっていたらもっとうまくなっていて、今頃、ハンディもシングルになっていたかもしれません。でも、別に年を取って体力が落ちてきてもできるスポーツだから、と後回しにしたのです。

また、自家用飛行機のパイロットになるための資格である「固定翼自家用操縦士」は、取得に体力も知力も時間も必要なので、子育てが終わりかけて少し自分の時間が取れるようになった40代後半に取得しました。

優先順位をつけて、「今やるべきこと」と「後回しにしてよいこと」を上手にやりくりしている人はうまくいっています。でも、私の感覚で言うと、100人いたら99人はこの優先順位を間違えている気がします。急ぐべきことをやらず、急がなくてよいことを先にやろうとしてしまっているのです。選択を間違えていることで損しているなと思う人が実際たくさんいます。

今しかできないことを優先的に、今でなくてもできることは積極的に後回し、でいきましょう。

念願のパイロット資格を取得

04 成長が最大化する振り返りと勉強のタイミング

私は**「日々進化」**という言葉が好きです。**今日の限界は明日の限界ではない**と思っているからです。今日は「もう限界だ……」とあきらめたことでも、翌日には進化して、少しレベルアップしているから限界ではなくなる可能性が高いからです。

「今日はダメでも、明日は大丈夫」と考えると、希望が持てますよね。だから、自分で限界を決めたらダメだなと思うのです。

目標は高ければ高いほどやる気やエネルギーが湧いてきます。だから、ちょっと手の届かなそうな高い目標を掲げてみてもよいかもしれません。手の届く小さな目標だと、「なんとかなりそう」と安心して気を抜いてしまい、逆にやらなくなることも多いからです。

私は20代の頃、自分の中では目いっぱい高い理想を思い描いてノートに書いていました。

「24歳で結婚して、30歳では○○をして、40歳で○○をして、50歳で○○をして……」

ところが、50歳を過ぎた今、見返してみると、当時は理想が高すぎて手が届かないと思っていたことがほとんど達成されていたのです。

つまり、この約30年の間に、自分でも気づかないくらい少しずつ成長を続け、当時は無理だと思っていた目標に手が届くようになっていたということです。もしかしたら、もっともっと高い目標を掲げていたら、さらに違った世界に行けたかもしれないと考えたほどです。

このようにものすごく高い目標だと思っていても、月日が経って振り返ってみると案外そうでもないことがよくあります。また、最初は無理だったことも、月日が経って、自分が成長していくうちに可能になることもあるのです。だから、**目標は「ちょっと高すぎるかな?」くらいのほうがよい**でしょう。

ただ、目標を立てるだけでは達成しません。大切なのが、**「振り返り」**です。私は目標を立てたら、午前中の終わり、1日の終わり、1週間の終わりなど、ある区切りごとに振り返りをすることにしています。

●**今日の午前中はどうだった？**

［例］新規のお客様（見込客）と話すことができた。

●**今日の午後はどうだった？**

［例］既存のお客様の紹介で、新規のお客様（見込客）との面談が成功した。

●**1日を通してどうだった？**

［例］新規のお客様とのつながりができた1日だった。明日以降はこれらのお客様とのコミュニケーションを深めていこう。

●**この1週間どうだった？**

［例］全体的に新規のお客様とのコミュニケーションが多い1週間だった。来週は既存のお客様へのコンタクトを意識しながら成果を挙げていこう。

そこで思ったことをスマホやノートにメモをしましょう。メモをしないと、**記憶はすぐに薄れ、自分に都合の良いことばかりが頭の中に残ってしまいます。**また、目標が達成できなかったり、目標に近づいていなかったりしたとき、「できていなくても仕方ないよね」

「あのときの環境が悪かった」など、できないことを正当化したり、状況や人のせいにしたりしがちです。

きちんと記録しておくことで、失敗したことも「事実」として頭の中に記憶しておくことができ、「次はこうしよう」という改善策を立てることもできます。

どんな「事実」も忘れないように、良いことも悪いことも「記録」すること。

そして、**毎日、もうちょっとだけプラスしてやってみる**ことを心がけてみましょう。すると、どんどん成長して、1年後にはとんでもなく成長しているかもしれません。

05 短期的、瞬発的な努力よりもコツコツ真面目に

私の口ぐせは**「真面目にコツコツ、正直にやり続ける」**です。

誰かがやるのを待つのではなく、自分からやる。自分に正直にコツコツやり続けることが大事だという話をいつもしています。

3

とても当たり前のことのように聞こえますが、これを実行するのは実はなかなか難しいのです。

そもそも、真面目っていったい何でしょうか？

多くの方がぼんやりとはわかっているけれど、はっきりとはわからない。それは、「真面目」についてわざわざ考えたことがないからです。

子どもの頃、「Cくんって真面目だよね」と誰かが言っているのを聞いて、「Cくんのようなキャラクターが真面目ということなんだな」とインプットされ、そのまま過ごしている人がほとんどではないでしょうか。「真面目」の意味をあえて調べることもなく、今に至っているというわけです。

ここで一度、意味を考えてみましょう。

「真面目」を辞書で調べてみると、次のように説明されています（出典：デジタル大辞泉）。

①うそやいいかげんなところがなく、真剣であること。本気であること。また、そのさ

ま。

②真心のあること。誠実であること。また、そのさま。

つまり、いいかげんにやらない。自分にうそをつかず、真剣に本気に、誠実にやり続けるということです。

「自分にうそをつかない」は、「正直にやる」という意味にもなりますね。「真面目」とは、お客様に対してもうそ偽りなく対応するのはもちろんのこと、自分にもうそをつかないということです。

「コツコツ」の意味を調べると、**「地道に働くさま。たゆまず勤め励むさま」**とあります。

つまり、継続することです。「継続は力なり」ですね。

「力なり」とは、生保営業に当てはめて考えてみると、次のお客様のところへ行くときにもっと喜んでもらえるということではないでしょうか。

つまり、生保営業で真面目にコツコツ正直にやり続けることが大切な理由は、自分の能力が高まるからとか成績が上がるからではありません。次に会うお客様にもっともっと喜んでもらうためなのです。

私も真面目にコツコツ続けていることがあります。25歳のとき、郵便局の簡易保険にはじめて加入していただいたお客様のところに、毎年欠かさず会いに行っているのです。

加入1年後には、「1年前に保険にご加入いただき、ありがとうございました。1年経って、私もいっぱい勉強して、お客様に喜んでもらえる情報を持ってきました!」と言って訪れました。

2年後には、「ご加入いただいてから2年経ちました。私も以前より経験を積んでさらにパワーアップしたので、喜んでいただける情報があるかな、と思って寄らせていただきました」と訪問しました。

先日、突然奥様から連絡がありました。「お父ちゃんが倒れてね。手続きとかどうしていいかわからへんからお願い!」と言うのです。急いで保険の請求をしました。幸いお父さんは無事回復し、退院しましたが、30年経った今でもこうして連絡をもらえるのは、なによりコツコツと地道にコンタクトを取り続けてきたからだと思うのです。

06 理想の未来を現実にする3つの習慣

理想の未来を現実にするために、私は次の3つのことが必要だと思っています。

①しなくてよいことは習慣化しない
②なにげなくやっていることの中に意味を見つける
③一度立ち止まり、自分にブレーキをかける〝荷物〟を捨ててみる

①しなくてよいことは習慣化しない

小さい頃からなんとなくやっているクセや、当たり前だと思っていることだけれど実はよくないことなどをやめることです。たとえば、貧乏ゆすり、爪を噛む、営業の仕事をしているのにかばんや靴が汚れているなどです。

貧乏ゆすりや爪を噛むといったクセは、お客様に不快な印象を与えます。かばんや靴の汚れも、「これくらいなら大丈夫だろう」と放置してはいけません。お客様は意外と細部まで見ています。「いいかげんな人なのでは」「この人に頼んで大丈夫かな」などと不安に思うのではないでしょうか。

クセや身なりは長年の習慣ですから、自分では気づかないことも多いです。一見ささいなことでも印象を大きく左右する大事な要素ですから、あらためて見直してみましょう（図3-1）。

もし自分では気づきにくければ、率直な意見を言ってくれる家族や友達に、「私のことで、これまでに気になる点があったら教えてほしい」と聞いてみるのもよいでしょう。

②なにげなくやっていることの中に意味を見つける

私は普段から使い勝手の良いボールペンを愛用しています。お客様に抵抗感を与えないよう、高価な

図3−1　クセや身だしなみのチェックリスト

クセ	身だしなみ
□貧乏ゆすり	□髪の毛（伸びていないか、寝グセがないか）
□爪を噛む	□スーツ（しわがないか、たばこや焼肉などの匂いがしみついていないか）
□髪の毛や顔を触る	□靴（汚れ、かかとやつま先がすり減っていないか）
	□かばん（汚れがないか、変色や変形がないか）
	□指先（汚れていないか、爪が伸びていないか）

ボールペンは使わず、手軽な値段の同じボールペンを何本も買いためて、ずっと愛用しています。説得力のある文字を書きたいので、0・5ミリ以上の太い線で力強く書くようにしています。たかがボールペン一つですが、このように意味を見つけているのです。

他にも数字や文字を丁寧に書くことや、マーカーをしっかり引くことなども意識しています。それは、字は書き手の意思を表すからです。はっきりと太く力強い線で書くことは自己主張にもつながるのではないでしょうか。

このように自分が小さい頃からなにげなくやっていることに、実は理由があることも多いものです。それを今、見直してみましょう。

もし手元にあるようでしたら、自分が小さい頃に読んでいた絵本や小学生のときの教科書、ドリルなどを見返してみましょう。どんなことをやってきたか？　それをなぜやってきたのか？　を考えてみると、「そうか、こんな意味があったのだ」という気づきを得られるかもしれません。

③一度立ち止まり、自分にブレーキをかける〝荷物〟を捨ててみる

普段なにげなくやっていることの中に、自分の行動を妨げていることが実は意外と多いものです。多くの本には、「新しいことにどんどんチャレンジしよう」と書いてありますが、私は、むやみやたらにチャレンジするのではなく、1回立ち止まって、必要なチャレンジとそうでないものを仕分けし、さほど必要ではな〝荷物〟は捨て、本当に必要なものだけを残してから再度出発するほうがよいと思うのです。

生保営業は、毎日、新規の営業に行く仕事ですから、つい「下手な鉄砲、数打ちゃ当たる」で、「100件くらい飛び込み営業をしたら1件くらい契約が取れるのでは?」と考えがちです。まさに、「新しいことに日々チャレンジ」ですね。

でも、本当は一度立ち止まって1件1件見直すことが大事だと思うのです。そして、これまでにうまくいったこと、**間違っていたこと、できなかったことなどを棚卸しし、分析してから、新たに動き出したほうが確実に効果が上がります。**

たとえば、同じトークで飛び込み営業を繰り返すよりも、1件1件違う切出しのトーク

で訪問してみると、どのトークがうまくいき、どのトークがダメなのかがわかってきます。ためになる体験は積み重ねたほうがよいですが、ムダな経験は何回やってもムダです。どんな失敗からも学ぶことはありますが、同じタイプの失敗を何十回、何百回と繰り返しても、ただの失敗で終わってしまい、ムダな経験になってしまいます。ですから、ときには立ち止まり、その失敗を振り返り、分析する必要があるというわけです。

私も数々の失敗をしてきましたが、くよくよしたり、苦しくなったり、へこんだり、気持ちを引きずったりすることはあまりありませんでした。それは、**「失敗を分析しよう」**と常に考えていたからです。失敗すればするほど、失敗のサンプルが増えます。すると逆に、いろいろな種類の失敗を見つけることができました。

「飛び込み営業で断られても、「こんな断りのカテゴリーがあるのか」「このようなリアクションもあるんだ」と、新たな発見をするほうが大きかったのです。すべて記録していたので、毎回学びもありました。「やっちゃった」というマイナスの気持ちより、「学べて楽しい」という気持ちが勝ったのです。

3

これら3つの共通点は、いずれも「自分の行動を振り返る」ことにあります。つまり、**自分の願う未来を現実に変えるには、なにより自分自身の行動を振り返り、そこに意味づけする**ことが肝心なのです。

07 お金で買えない生きた情報を足で稼ぐ

生保営業の良いところは、どんな人にも会いに行けて、どんな場所も訪れることができる点です。つまり、「自分が勉強したい」と思うジャンルにどんどん首を突っ込めるのです。ですから、いろいろなものに興味を持って、保険以外のこともどんどん勉強しましょう。その勉強が回り回って、営業の成果につながってくることも多いです。

先述の通り、「花がキレイですね」と言ったことで保険の契約をいただいたことがあります。でも、そのとき「せめてチューリップとパンジーの違いくらいは覚えたい」とも思いました。少し花について勉強しようと、営業で植木屋さんをたくさん回ることにしました。

それぞれの店で花言葉や旬の花といった草木のことを教えてもらったのです。そこでは一切保険の売り込みをしないから、植木屋さんも喜んで教えてくれました。

庭の植木や花について少し詳しくなったら、今度は庭に置いてある石像について知りたくなりました。そこで、今度は石屋さんを中心に回り、産地や日本の風土に合った石のことを数多くお聞きしました。ここでも、保険の売り込みは一切せず石についての話をうかがいました。

こうして、植木屋さんや石屋さんとも仲良くなり、その業界についての知識も得る一方、草花や石像についての知識を広げることにも成功しました。営業に行っても「花がキレイですね」だけではなく、木や置物について話題にすることができるようになったのです。まさに一石二鳥です。

それぞれの家や店には、さまざまなドラマや人間模様が隠れています。先に、「自分が経験した話は相手の心に響く」という話をしましたが、訪問先で得たちょっとした雑学を別のお客様に披露すると間違いなくウケます。

生保営業にネタが重要なのは、これまでにも伝えてきましたが、そのためには大型店舗よりは個人店を回ることをおすすめします。たとえば、肉を買うならスーパーではなく商店街の肉屋さんで、野菜を買うなら近所の八百屋さんで、食事に行くならチェーン店ではなく個人経営の定食屋さんやレストランに、といった具合です（図3−2）。

たしかに、スーパーは品揃えも多くて便利ですし、チェーン店のレストランはどこの店舗でも味が均一で安心かもしれません。

でも、個人店にはドラマがあり、ストーリーがあります。これは大手の店では見つけにくいものです。日本企業の実に99％は

図3−2　生の情報は足で稼ぐ

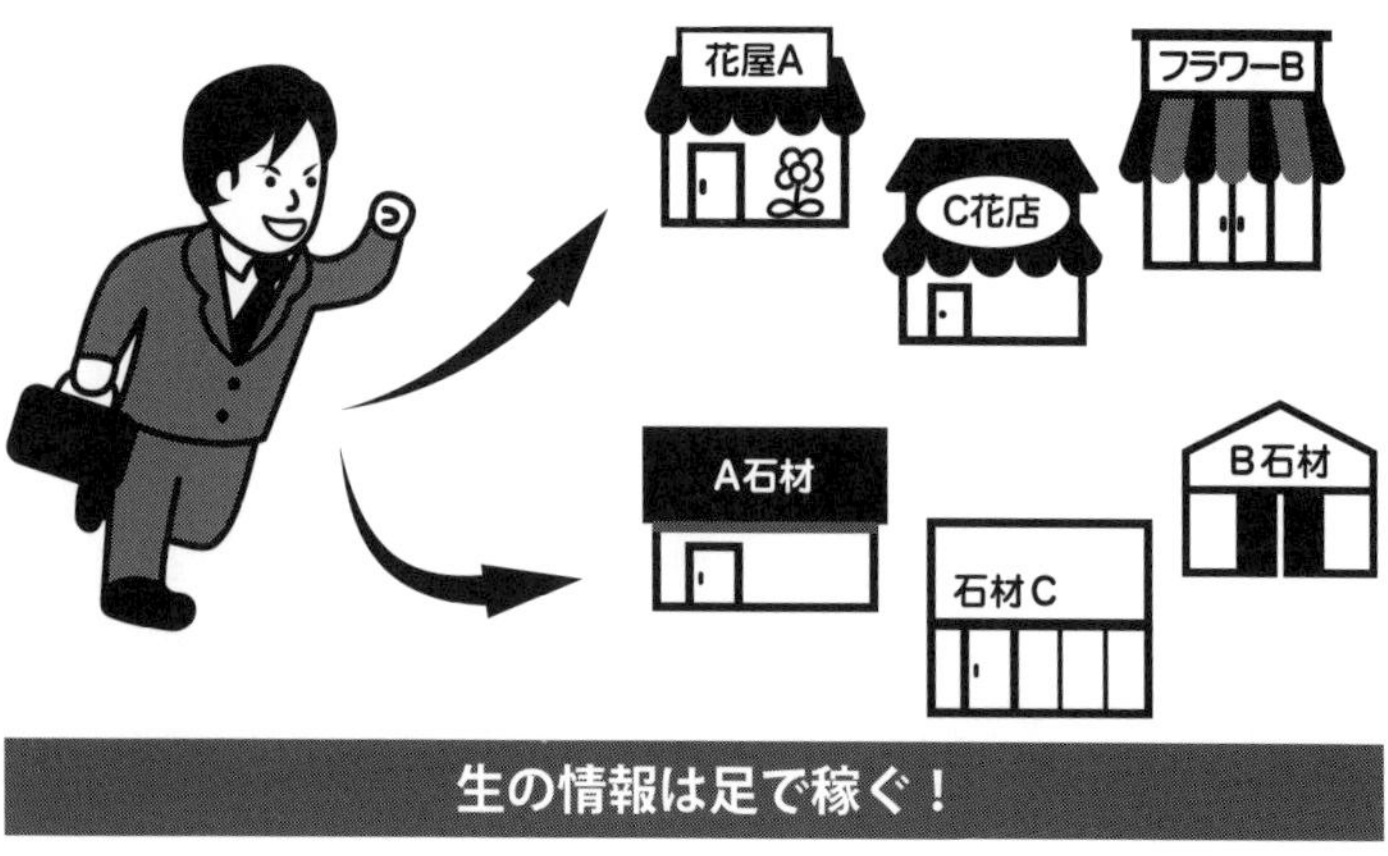

中小企業や零細企業ですから、ぜひ身近なところを回って、**人間模様を観察してみてください。**

足で稼いで仕入れた知識は、必ず次のお客様に使えるネタとして生きてきます。お金で買えない価値があるのです。

08 インプットしたら即アウトプットする

2022年度、私は外資系生命保険の変額保険新規販売実績日本一になりましたが、最初の頃は本当に悲惨な毎日でした。保険の知識がない、お客様には断られてばかり、立てた目標が達成できない。何もかもがうまくいかない状態でした。

そこで実践したのは、**「インプットしたら、即アウトプットする」**という方法でした。健康保険のことを勉強したら、忘れないうちに営業に回り、お客様に伝えに行く。年金のことを勉強したら、また忘れないうちにお客様のところを回って年金の話をする。**「こんな勉**

強をしたから、お客様に教えてあげよう」という気持ちで営業に行っていました。

体験したこと、他人の経験から知ったこと、勉強したことを24時間以内に誰かに伝えると、翌日、自分の脳に定着している率は2倍になるそうです。その翌日にも誰かに伝えるとさらに定着率はさらにアップします。

だから、自分がインプットした知識はすぐアウトプットすることを心がけましょう。インプットしたことを口に出すうちに、どんどん自分の頭の中に定着していきます。3、4人に同じことを伝えるうちに、その知識は確実に自分のものになります。机に向かって暗記したものや、アウトプットしないままの知識は残念ながらすぐに忘れてしまいます。

こんなたとえ話があります。

両手に荷物、背中に子どもを背負うなど、持ちきれないほどの荷物を抱えていたとします。そのとき、目の前に金銀財宝、お宝の山があったらどうしますか？　両手はふさがっているので、宝を新たに取ることはできませんよね。

それと同じで、自分の得た知識は誰かと積極的に情報交換したり、教えたりしましょう。

「教えたら損」と考えて、自分だけのものにしていたらもったいないです。教えることで自分もおおいに成長できるからです。与えると自分にもリターンが返ってくるのです。

トップセールスは真似るのが上手といわれますが、正しくは、**「耳にしたことを自分の言葉に置き換えてすぐに試す」のが上手**なのです。数多くの人に試すうちに、少しずつ上手になっていきますし、言うべきことも自然に覚えていきます。

覚えてきたら、家族やパートナー、友達など誰でもよいので、ぜひ話をしてみましょう。最初は丸暗記でもかまいませんが、慣れてきたら徐々に自分の言いやすい言葉に置き換えてアレンジしていってください。

はじめのうちは、自分がわかっていないことはうまく説明できないでしょう。それに気づくのも良い勉強です。聞いてくれる人からの質問が、新たな学びになり、良いトレーニングにもなるはずです。

3

09 鳥の目で目標達成から逆算する

目標を立てたら、そこから逆算して今やるべきことを具体的に考えましょう。ビジネス書などにも「あるゴールを設定したら、そこまでに行うプロセスを逆算し、時間の尺を取って考えましょう」と書かれています。そのとき、第一に考えるべきなのは、**「どこに目標を置くか」**です。適切に目標を設定するためには、客観的に、全体を上から眺めてみましょう。いわゆる「鳥の目」を持つことが重要です。

たとえば、上司から「名刺をつくって」と言われた場合、名刺をつくること自体に目が向いている人は、「たかが名刺……。私の能力は名刺をつくるためにあるんじゃない」と考えてしまいます。名刺づくりという作業だけを見たら、地味で誰にでもできるつまらない仕事のように思えるかもしれません。

でも、鳥の目で全体を見てみると、ものの見方は少し変わってきます。「生保営業」という全体のパーツの中の「名刺づくり」だったら？　名刺がなかったら、取引先の人と名刺交換ができない、名前を覚えてもらえない、連絡先を伝えられないなどの不便が生じます。名刺づくりは「生保営業」の中の重要なパーツと考えたら、「名前や連絡先を間違えたら大変だし、営業には名刺は欠かせないものだ。ということは、名刺づくりは生保営業にとって非常に重要。責任感を持ってやらなければ」と思えるのではないでしょうか。

生保営業の場合、何を目標として設定すればよいでしょうか。

つい「契約締結」を目標に設定しがちですが、先述の通り、本当のゴールはお客様が「保険に加入して本当によかった」と感じた瞬間です。そのゴールに向かうために、逆算して、次のようなプロセスを設定していきましょう。

お客様は生命保険に加入される場合、多くの方が出口（保険金の請求方法、解約返戻金の手続き方法、満期保険金の税金についてなど）を心配されています。ですから、加入のためのセールストークを行うだけではなく、加入した後のイメージをしっかりもっていただくようにしましょう。

まずお客様の人生があり、その人生が幸せに回るためのツールとして生命保険商品がある。このことを忘れないようにしましょう。将来、お客様が保険を利用する際、「加入していて本当によかった」と感じてもらうために、何をすべきかを常に考えながら行動する必要があります。

生保営業の仕事は、名刺づくりに限らず、一見つまらなく意味のないように思える仕事や地道な作業の連続です。**「なんでこんなことをしなければいけないのか」という狭い思考にとらわれそうになったときには、「鳥の目」で全体を俯瞰《ふかん》し、生保営業としての「目標」を思い出す**ようにしてください。

お客様の人生に寄り添う仕事。それが生保営業

繰り返しになりますが、生保営業の仕事は生命保険の商品を売るだけではありません。

生保営業はいろいろな分野の人から話を聞くことで、さまざまな経験ができますし、研修ではコミュニケーションスキルやコーチングなども学びます。そういったたくさんの学びや経験を、お客様の人生に役立てていくことも、生保営業の役割の一つです。

たとえば、お客様に家族とのコミュニケーションの取り方を伝えることで、結果的にお客様の夫婦仲がよくなったり、親子関係が改善したりしたらよいですよね。これは、本来の生保営業の業務ではないかもしれませんが、お客様の人生に寄り添うという点では大事な仕事だと思うのです。

お客様が生きていくうえで、何か心に残せる人になれたらよいですよね。

「この保険に入る決め手になったのは何ですか？」

とお客様に聞いたとき、

「お兄さんが気に入ったから」
「あなたの対応がよかったから」

と言ってもらえたら最高ですよね。

残念ながら、いまだに「今月は契約したから、いくらお金が入ってくる」「成績が良くて会社からほめられた」ということに喜びを感じている生保営業が多いのも現実です。でも、そういった考えの人は、残念ながら生保営業の仕事が10年も続いていません。

自分の行いで誰かが幸せになる。最初は1対1の営業だったのがやがて2になり、4になり、8になり……倍倍で増えていきます。それが続いたら、あっという間に契約件数も何千件、何万件に膨らんでいくのです。

たとえ口下手であっても、生命保険の知識が十分でなくても、お客様に寄り添うことはできますし、続けていくうちに能力も上がっていきます。そんな生保営業の仕事をしてくれる人が増えることを願っています。

第4章

【メソッド2】

何でも話せる信頼関係を築くコミュニケーション術

01 心地よい緊張感を維持する

お客様が来店されて、イスに座られたとき、たいていの方は非常に緊張しています。それを適度に解きほぐしていくのが、生保営業の最初の仕事です。そのとき、今まで会った生保営業の中で一番温かくて、親切な人になれたら最高ですね。お客様にとって心地よく、何でも話せる相手だと感じてもらうことが必要です。

このとき、よくありがちなのが、「どうされました？」という問いかけ。これは絶対に禁句です。

お客様は何か感じるところがあり、相談したいという気持ちがあるから来店しています。そのようなときに、「どうされました？」と言われると、なんとなく尋問を受けているような気になり、身構えてしまうのです。

まずは、挨拶から入り、次に誰でも話しやすい話題から切り出します。詳しいトークスクリプトは第6章で紹介しますが、まずは天気や時節の話題などがよいでしょう。「よくいらっしゃいました」という気持ちを全面に出し、話しやすい雰囲気をつくるのです。

たとえば、

「今日は雨のなかご来店いただきましてありがとうございます」

「おはようございます。〇〇と申します。よろしくお願いいたします」

「こちらに、ご家族のお名前、生年月日……などをご記入ください」

「ご来店（保険相談）のきっかけは？」（そうなんですね）

「今までに保険の賢い入り方についてお聞きになったことは？」（そうなんですね）

「同じ保障でしたら、保険料は安いほうがよろしいですよね？」（なるほどね）

など、世間話の感覚で進めていきます。

お客様が話し出したら、**「そうなんですね」「なるほどね」**という相づちを打ちましょう。

私の経験上、**相づちは「そうなんですね」「そうなんですね」「なるほどね」を1セット**にすると、お客様の緊張はどんどんほぐれ、話しやすくなるようです。いろいろなお客様に試した結果、「そうなんですね」が3回でも「なるほどね」が3回でもダメで、「そうなんですね」2回に「なるほどね」1回が一番効果的でした。

「そうなんですね」でお客様の意思を確認し、「なるほどね」で「お客様の言っていること、わかっていますよ」と気持ちを伝えることができるのです。

心地良い緊張感を維持するのには、意味があります。それは、緊張感を解いてしまいすぎると、調子の良い人、いい加減な人と見下されてしまうことがあるからです。今でこそFP（ファイナンシャルプランナー）の活動によって保険営業の社会的地位は向上し、生保営業はコンサルタント業としても認められるようになってきました。ですが、少し前までは厳しいノルマのあるイメージから、保険営業は敬遠されがちな職業だったのです。一部には、まだまだそのような思いを持っていらっしゃるお客様もいます。

ほどよい緊張感を保ちながら、温かい雰囲気をつくることで、「親切だし、何をしゃべっても大丈夫そう」という安心感を抱いてもらうことができます。そのような印象を抱いてもらえると、その先もスムーズに進みやすいのです。

02 さりげないリードで話しやすい空気をつくる

誰かと話している際、「空気を読んで」と言われることがあったり、空気を読めない人のことを「KY」と言ったりもします。でも、場の空気を読むことはけっこう難しいですよね。お客様が何か言ったら「ああ、そうなんですね」とただひたすら合わせるだけの人もいますが、空気を読むというのは、相手に全面的に合わせることではありません。

うまくリードしながら、導いていく。これこそが空気を読んだコミュニケーションといえるのではないでしょうか。「そうそう！」と思ってもらい、ついてきてもらう。そのためには、お客様の発言の中から有効な箇所をピックアップして、リピートすることが大切です。お客様が言ったことの中から、**「これは！」と思ったキーワードになるセリフは繰り返します。**それ以外のことは**「そうなんですね」**とすんなり流します。

また、話しやすい雰囲気をつくるためには、できるだけ明るく振る舞いましょう。一般的に、生保営業では、「もし、ガンになったら……」「心筋梗塞になったら……」「入院したら仕事に行けないから、給料ももらえなくなりますよね」など、商品の特性上、暗い話題が多く、その場の空気が暗くなりがちです。

でも実際には、病気で仕事を休んだら給料が入ってこないという時代は30年くらい前のことです。今は、満額とはいかなくても、何らかの保障があります。また、仕事中に交通事故にあった場合などは労災もおります。つまり、そこまで病気や事故ばかり心配しすぎることはないのです。

本来、保険はもっと明るい未来のために使うことも多いのです。それをお客様にしっかりと伝えましょう。楽しい話をしたほうが場の雰囲気も明るくなりますし、お客様も話している自分たちも楽しくなるはずです。

生命保険の中には自分が払った保険料以上に解約返戻金、死亡保険金や満期保険金を受け取ることができるものもあります。生命保険の仕組みは、「貯金は三角」「保険は四角」でイメージできます。つまり、貯金は必要な金額が貯まるまで何年もかかりますが、生命保険ならば毎月数千円から数万円払うことを決めただけで、加入してから短期間でも亡くなった場合に数百万円単位で保険金が支払われることが確定されているのです（詳しくは本章07

「お客様の頭の中に『言葉の絵』を描く」参照)。

自分が死んだり、病気になったりしたときのことばかり考えると暗くなるけれど、貯めたお金を未来にどう使おう？　残された家族が安心できるための方法を考えよう、という話だったら明るいですよね。

このように、前向きな話をして、お客様が明るく、話しやすい空気をつくりましょう。

03 自己開示でお客様に安心感を与える

営業ノウハウが書かれた本などにはよく「お客様に8割しゃべってもらいましょう」と説明がありますが、そのために必要なのは前節で話したように「こちらでリードして、話してもらいやすい状況をつくること」です。先に、「聞き上手より質問上手になろう」という話をしましたが、質問に答えていただける空気をつくるためには、お客様をリードすることが必要となります。

お客様の半歩前を走りながら、行先をしっかりと先導するイメージです。マラソンの伴走者のように、「こっち、こっち！」と少しだけ先を走りながら方向を示すのです。自分がゴールに到達したあとも相手がゴールするまで30メートル先まで走り続ける。そんな役割です。

お客様に話したり、質問したりし、お客様に「そうそうそう！（Yes! Yes! Yes!）」と共感を持ってもらうような話し方をしながら一緒に進んでいくのです。

そのときに、ぜひやってほしいのが、**「自分のことをちょっとだけしゃべる」**です。自分をネタにしながら、お客様の話を引き出すのです。世間話をしながら、家族構成や趣味、欲しいものなど、共通の話題を見つけます。

たとえば、小さなお子さんがいる方なら、「お子さんがいらっしゃるのですね。実はうちにも3歳になる息子がおりまして……」と話題を振ります。

私がまだ独身の頃には、話すネタに困って、子どもがいる設定で話したこともあります。根底には常に、そのお客様を好きになる、お客様のために何かしてあげるという気持ちがあります。お客様のために何かをして、その結果保険商品を買ってもらった、という流れです。保険商品を買ってもらうことは二の次、おまけみたいなものと考えた営業が大切です。

04 はっきり伝えることが顧客満足につながる

先にも少し話しましたが、お客様にはメリットもデメリットもはっきりと伝えましょう。生保営業の中には、メリットは言えるけれど、デメリットは伝えられないという人もいます。デメリットを言えないのは、自分に自信がないからかもしれません。「これを言ったら、お客様が怒るかもしれない」とか「契約してもらえないのではないか」と考えてしまうのです。

厳しいことを言いますが、これはお客様のためではなく、自分を守るための行為です。つまり、「自分」に目が向いているのです。

「お客様」に目が向いている人は、勇気をもって自分の意見をはっきりと伝えることができます。

自分の経験やこれまでのお客様の経験を踏まえながら、「こんなことで成功した人もいれば、あんなことで失敗した人もいます」と正直に言えるのです。それを伝えることがお客様のためになると考えるからです。それをどうとらえるかはお客様次第。最終判断はお客様にゆだねます。

言いにくいことは、あえて**「ジェスチャー」を使ってお客様に読み取ってもらう**こともあります。

たとえば、お客様に「今、どんな保険に入っているのですか?」と聞いて、ある保険名が返ってきたとき、私は眉間に指をあてながら「あちゃー!」というしぐさを取ります。それ以外は何も言いません。お客様がその表情から、「もしかしてあまりよくない?」「まずいことなのか?」と感じ、「どうしたらいい?」と聞いてきます。そのときには、「ちゃんと確認させてもらっていいですか?」と伝え、「この商品は弊社も取り扱っています。たくさんある商品のうちお客様にとって良い商品もありますが、お役に立たない商品もあります。

もしお客様の加入している商品がダメだったら、すぐに見直ししないといけないと思います」とお客様に寄り添いながら、自分の意見を伝えます。

ここまではっきりと自分の意見を言えるようになるには、お客様との関係がしっかり築かれていることが大事です。先述したように、まずはお客様が話しやすい快適な空気をつくり、そのうえで、お客様との距離を縮めて、何でも話せる関係を築いていく。そうしてはじめて、自分の意見を言えるようになります。

05 現実と理想のギャップが隠れたニーズを引き出す

お客様の話に耳を傾けることはとても大事なことですよね。

でも、言葉通りにとらえるのではなく、その**言葉の裏に隠れた「意味」**や**「ホンネ」**も少し探ってみましょう。

心の中には、自分で気づいている思い**（顕在的思考）**と自分では気づいていない思い**（潜在的思考）**があります。心の中に隠れている潜在的思考に自分自身が気づいたとき、はじめて

「欲しい！」という感情が生まれます。

具体的には、「今の姿（現状）と理想（あるべき姿）」を比べ、両者に差があることに気づいたとき、「欲しい！」とか「こうなりたい！」という欲求が生まれてくるのです（図4-1）。

たとえば、「ポルシェに乗りたい！」と思っていた人が、あるときお金が貯まってポルシェを買えることになったとします。「ポルシェに乗りたい＝ポルシェに乗れる」、つまり「今の姿＝あるべき姿」ですよね。このように現状に満足している状況では、欲求は生まれません。

一方、ポルシェに乗りたいと思っているけれど、今は国産車に乗っているという人は、今の姿とあるべき姿には「差（ギャップ）」があります。ポルシェに乗りたい、でもポルシェに乗れない。この現状と理想の差から「ニーズ」が生まれるのです。

では、お客様の隠れたニーズを知るためにはどうすればいいのか？　それは世間話から探っていくことです。たとえば、

「お客様にとって、あるべき姿はもっと上のほうにあります。あるべき姿に近づくためにお客様にはこの保険が必要なんです」

図4−1　現状と理想のギャップから欲求が生まれる

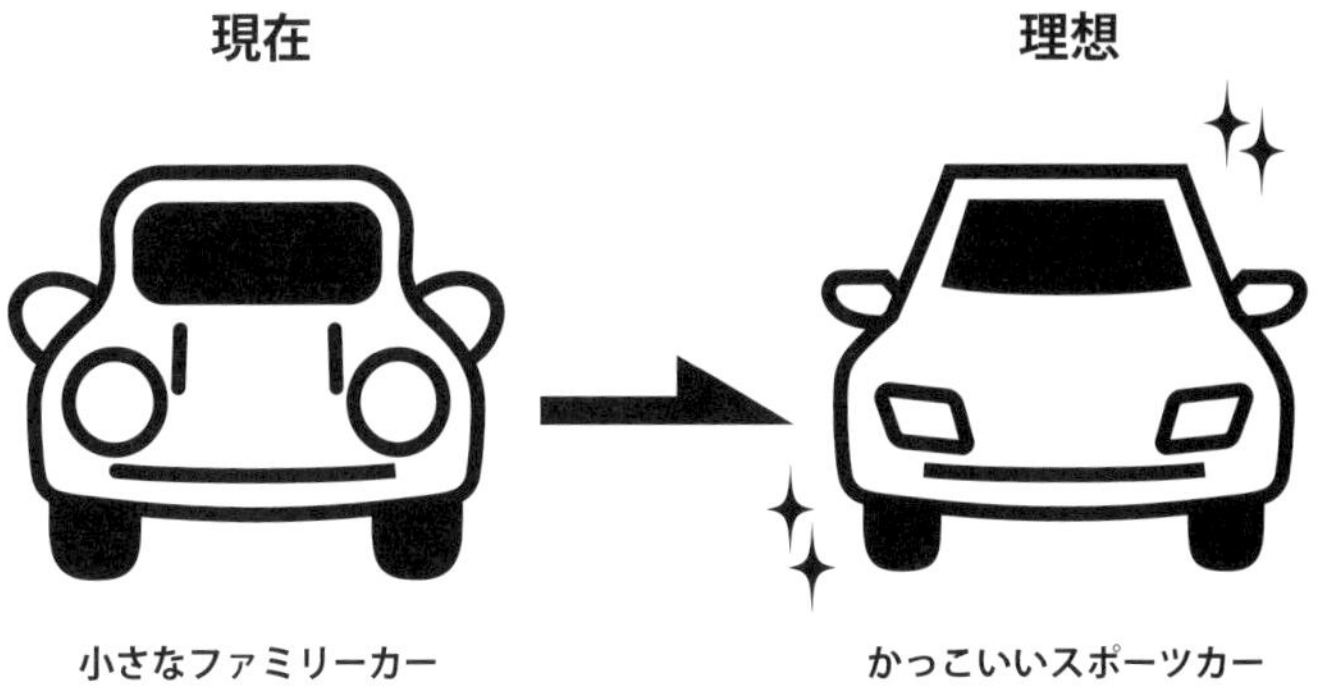

と伝えるのが、生保営業の役割といえるでしょう。

「ああ、そうか！　自分はこれが欲しかったんだ」とお客様が気づいたとき、はじめて「保険に入ろうかな」と興味を持ってもらうことができます。さらには、お客様が保険に加入したかった一番の理由も明確になるのです。先の言葉で言えば、「お客様の顕在的思考が見えた瞬間」です。

お客様の中には、「いい保険、なんかある？」と言って来店される方も多くいらっしゃいます。保険には入りたい、でも、何に入りたいか？　どうして加入したいのか？　は、おそらくお客様自身にもわかっていないでしょう。

そのような方には、まず「保険とはこういう目的で、こういうときにこのように利用するものです」という「保険の仕組みと目的」について話します（詳細は第6章で紹介します）。

すると、お客様ご自身で保険商品の中から「これはいる」「これはいらない」の選別ができてきます。ここではじめて、潜在的なニーズが具体的に見えてくるのです。

保険を選ぶポイントは人によって異なります。

たとえば、「自分の子どもには将来迷惑をかけたくないから、死亡保険金を残したいんだ」と言うお客様がいたとします。その言葉の裏側に隠れた意味を少し考えてみます。「子どもに迷惑をかけたくない」という発言の奥には、「子どもには、お金に困ることなく幸せな人生を生きてほしい」という**家族愛**が隠れています。それはおそらくお客様自身でも気づいていないことでしょう。それをくみ取って「お子様に幸せになってもらいたいですものね」とお客様に伝えましょう。「自分は子どもに幸せな人生を生きてほしいのだ」というニーズがわかったら、それに合わせた保険商品を選ぶ必要が出てくるからです。

そのようにして選んだ保険商品は、**お客様を「理想（あるべき姿）」へと近づける大きな助っ人**になるはずです。

06 ベストよりもあえてベターを紹介する

お客様が話をしやすいように場を整えて、お客様に寄り添いながら自分の意見をきちんと伝えましょう、という話をしました。

このときに気をつけたいのが、「伝え方」です。言い方ひとつでお客様に与える印象は大きく変わってくるからです。 お客様に保険商品のことを話す際にぜひやってほしい公式を紹介します。

それは、**「ベストをすすめるのではなく、ベターを紹介する」** です（図4-2）。

「これがおすすめです！」「これどうですか」など「これが一番です！」と一択で伝えるのではなく、「AよりBのほうがより良いですね」という言い方をしてベストはお客様自身に決めてもらうことが大切です。

二択にすることで、どちらかは選ぶ前提の状況になりますので、断られづらくなります。

たとえば、「同じ保障だったら、掛け金が高いより安い保険のほうがいいですよね」など、具体的にお客様に提示し、比較、検討してもらいます。

また、「ほかの人の例」を話し、参考にしてもらうのも効果的な方法です。比較対象ができることで、自分を客観的に考えることができるようになります。

たとえば、「今日の午前中に、○○さんと年齢や家族構成が似ているお客様がいらっしゃってこんなことを言っていたのですが、○○さんはどうですか？」「最近、こういう心配をしている方が多いんですよ」など、世間話をしながら、お客様に話を合わせていきます。

このように、お客様にベターなものを紹介したり、ほかの人の事例を紹介したりしながら、より具体的な要望を引き出していきましょう。すると、徐々に

図4−2　ベストよりもベター

絶対この商品がおすすめです！
必死に売り込む営業マン
同じ保障だったら、掛け金は高いより安いほうがいいですよね
笑顔で話す営業マン

お客様自身の考えが整理され、要望も明確になってきます。たとえば、「子どもが大学を卒業するまでは死んだら困るから、たとえそれまでに何かがあっても、学費や生活を補える保険が欲しい」「年金暮らしになってまで保険料を払いたくないから、60歳までに全部かけ終わって一生入院保障がある商品はないかな」など、自然と話してくれるようになります。

07 お客様の頭の中に「言葉の絵」を描く

お客様の頭の中に思い浮かんだ、老後の生活イメージや子どもの成長した姿など、ぼんやりとした情景を言語化するのも、生保営業の大事な役目です。「言葉の絵を描く」ともいえるでしょう。

たとえば、満期に100万円が受け取れる保険があったとします。ただ「受け取れますよ」と伝えるよりも、「満期になったら、100万円でホテルのスイートルームに泊まって、最上階のバーで夜景を見ながら乾杯するのもいいですよね」と伝えるほうが、より具体的なイメージが湧きますよね。

図4-3　貯金は三角、 保険は四角

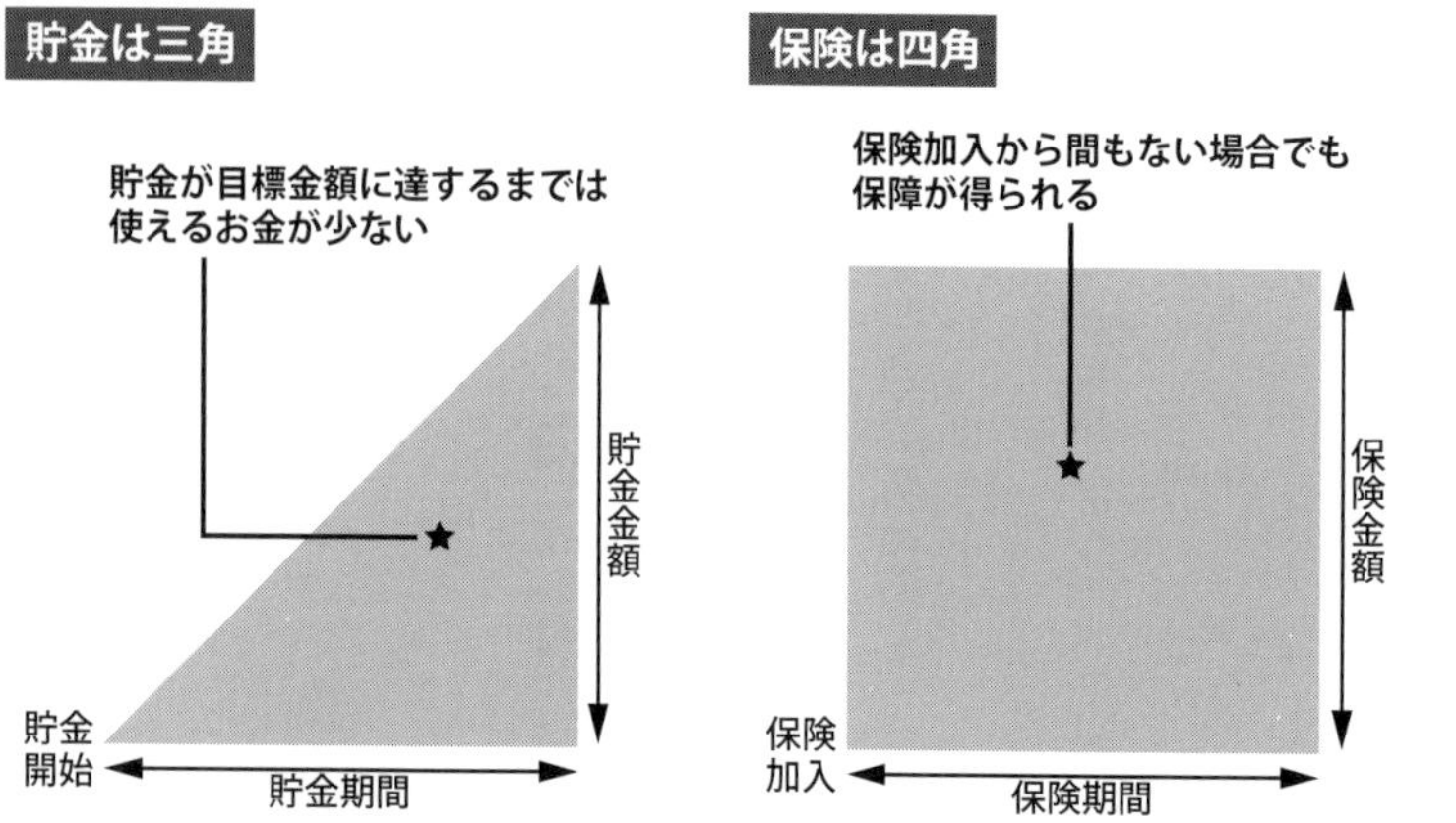

ほかにも、「10年後、300万円が満期になります」と伝えるより、「10年後、満期金を受け取れます。コツコツ貯めておいたお陰で、自宅を住みやすくリフォームできますね」と伝えると、お客様が頭の中で「絵」を描きやすくなります。

あとは、保険の仕組みなど、**言葉ではわかりにくいことは、図などで表現して伝えます。**これは研修などでも習うかもしれませんが、お客様に説明する際にも、その場で図を描きながら話すとよいでしょう。

たとえば、**「貯金は三角」**なので万が一のことが起こった場合、家族は貯まった金額のみ使えますが、**「保険は四角」**なので、加入した瞬間から死亡保険金は保障されています（図4-3）。そのため、死亡保障500万円の保険に加入したなら、最初から500万円の保障があるので残された家族のために使用することができます。

このように、「言葉の絵」を描くと、お客様にも伝わりやすいのです。

08 事実と未来（お客様の利益）をセットで伝える

お客様に保険の話をする際にやりがちなのは、「事実」ばかり話す、もしくは「事実＋提案」をすることです。これは生保営業に限ったことではありません。

先日、パソコンを買いに家電量販店に行ったのですが、担当の人がスペックの話ばかりするんですね。「こちらはメモリが……で、CPUが……」と説明してくれるのですが、パソコンに詳しくない私にはさっぱりわかりません。

「数字が大きいほうが得なの？」「この数字の5と7の違いって何？」と聞いたら、「5が旧式で、7が新しいです」と答え、「じゃあ、新しかったら性能が高いの？」と聞いたら、「そうなんです」と。スペックなど「事実」の話ばかりで、一番知りたい「自分にとってどれが得なのか？（未来）」がわかりませんでした。最後には、「だったら、僕にとってはどれがいいの？」と聞いてしまいました。

生保営業の場合も同じです。「この商品は入院保険です」「月々の保険料は○円です」「手術をするといくらもらえますよ」「どうしますか？」「このプランなどがお客様に合っているかと思います」など、商品の説明ばかりしていては、お客様は「で、私にはどれがいいの？」と戸惑うばかりです。

説明の際は必ず**「事実」＋「未来（お客様の利益）」をセットにして話しましょう。**「保険に加入することによって、お客様にどのような利益がもたらされるか」まで話すのです。トップセールスなら必ずやっています。

先日、こんなことがありました。自動車の1年点検に行ったとき、担当の販売員さんが「新車が出たので、もう1台どうですか」とすすめるんですね。「すでにあるからいいよ」と断ったのですが、「これ、めっちゃいいですよ」と言うのです。そして、「この車、ルーフが開くんです。普通の車は運転席だけルーフが開くんですけれど、この車は後部座席のほうまで開くんです。だから、**後ろに座った人もとても開放的な気持ちになれる**んですよ」と言うんですね。

「おお！　事実だけではなくて、利益まできちんと伝えてくれている！」とものすごく感動して、思わず車を買いそうになりました（笑）。

このように、事実だけでなく利益まで話すと、確実にお客様の心は動きます。信頼感も高まりますし、お客様との距離も縮まります。それは、自分の気づいていなかった利益を気づかせてもらえるからです。

保険商品の場合はたとえば、「この保険があれば、実際に入院した場合には、保険金を受け取って病院に支払うことができますし、手術が必要な場合もお金の心配をすることがないので、安心して療養することができますよね」など、実際にお客様が頭の中で未来の姿をイメージできるように話します。

お客様が安心できるところまできちんと言葉にすることが大切です。

09 最小の労力で最大の効果を上げる方法

お客様への対応の中でも、ルーティン作業はなるべく効率化を考えましょう。というのも、お客様に対して使える時間は限られているからです。ルーティン部分については極力時間を短縮し、その分お客様と向き合うために時間を有効に使います。目指すのは、**「最小の労力で最大の効果を」**です。

代表的なルーティン作業の一つが保険設計書の作成です。あらかじめお客様から生年月日や名前、性別、家族構成などを教えていただく必要があるので、作成には手間がかかります。

ところが、個人情報保護が叫ばれる時代となり、以前よりも生年月日や、ときには名前も教えてもらえなくなりました。なんとかお客様から情報を聞き出し、設計書を作成してもあっという間に断られて撃沈……ということもよくあることです。「せっかく頑張ってつくったのに……」と落ち込むこともあるでしょう。

そんなときは、そのお客様と年齢や性別が同じ**「モデル設計書」**を活用しましょう。もちろん、お客様の個人情報を入手できるのであれば、その都度、オリジナルの設計書を作成し、印刷して渡すのがベストです。

しかし、それがかなわない状況ならば、「閲覧用」としてその場で見てもらうためのモデル設計書で問題はありません。年齢と性別が同じであれば、内容にさほど差はないからです。個別の情報は口頭で補足すればよいですし、なんといっても手間が圧倒的に違います。空いた時間でお客様へのサービスもできますし、新規営業もできるかもしれません。

まずはモデル設計書を見ていただき、興味を持ってもらったときにはじめてオリジナルの設計書を作成しても十分です。興味を持っているお客様向けなら、時間をかけてつくった設計書を確実に見てもらうことができますので、作業がムダになることはありません。

このように、**徒労《とろう》（ムダな骨折り）に終わることは極力減らしていきましょう。**

ほかには、同じ作業をまとめて行うのもよいでしょう。たとえば、今日は「飛び込み営業の日」と決めてその1日はお客様を訪問する。明日は「保険設計書をまとめてつくる日」、明後日は「見込客をつくる日」など、一つの作業を集中して行うことで、時間が短縮できることも多いのです。

もちろん、若い頃のムダな動きはすべて「経験値」になりますから、特に20代はおおいにムダと失敗を経験しましょう。若い頃に失敗を積極的にした人と失敗を回避した人とでは、その後の伸びはまったく違います。

ただ、30代を過ぎたら、経験も積んでいますから、効率を考えるようにしましょう。ルーティン作業については、何も考えず「こうやるべきだから」とやり続けるのではなく、「この作業はどうやるのが一番効率的か？」を考えながらやってみるとよいでしょう。

10 お客様の課題とタスクを整理して示す

お客様が保険に加入しようかどうかと迷うことがあります。それは、お客様の頭の中で整理ができていないからです。頭の整理を手助けし、背中を押してあげることも生保営業の役目です。「話をしながら、お客様の反応を見ましょう」と先述しましたが、それの応用です。

一通り話し終わったあとに、

「今までいろいろとしゃべりましたけど、ここでちょっと整理していいですか。お客様がちょっとわからなかったことは○と△と◇の3つぐらいですかね。やっていたほうがいいなと思うことは、これとこれと……5つくらいでしょうか」

とまとめて伝えます（図4-4）。

ここで重要なのは、伝える順番です。日本語は文法上、後に伝えたことのほうが頭に残ります。なので、**「やっておいたほうがよいこと」を後に伝えます。**

「ほかに何かありますか？」と聞くと、たいていは「特にないと思います」というような答えが返ってきますが、お客様自身が気づいていないことも多々あ

図4-4　お客様の頭の中を整理する

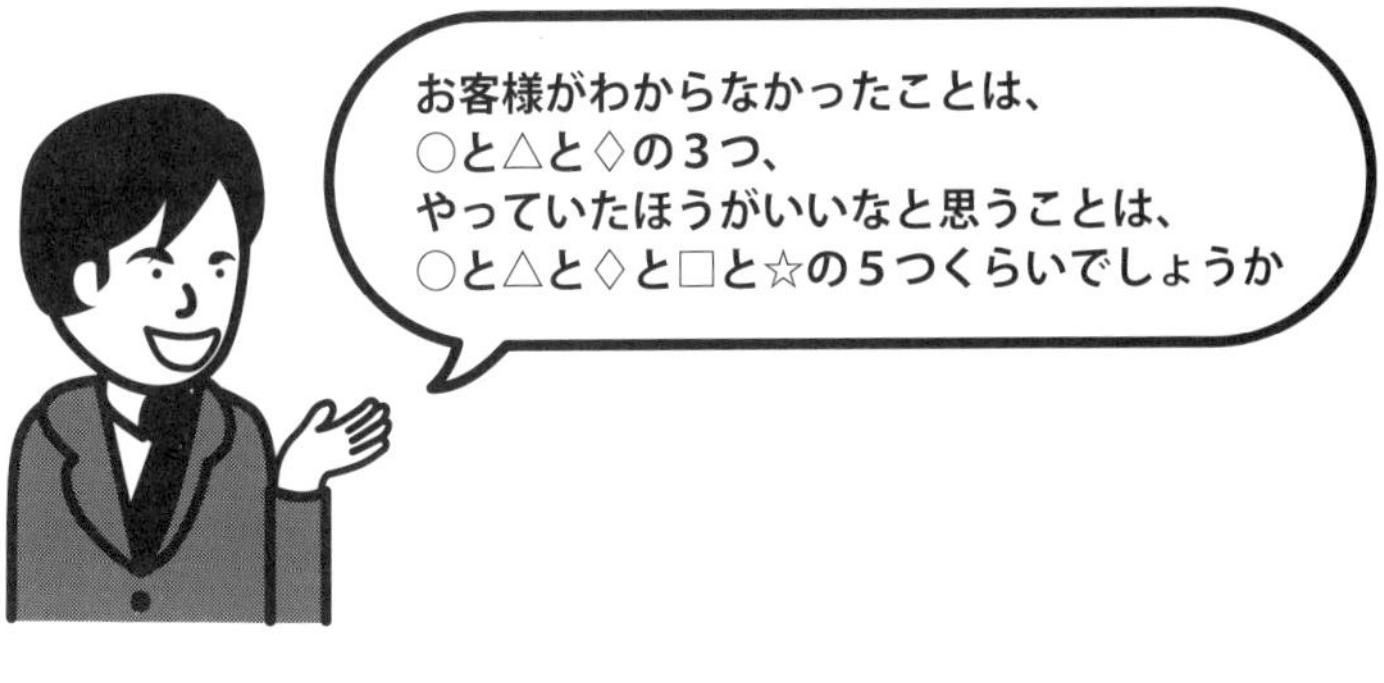
お客様がわからなかったことは、
○と△と◊の3つ、
やっていたほうがいいなと思うことは、
○と△と◊と□と☆の5つくらいでしょうか

ります。こうして頭の中を整理してあげると、お客様は自分のやるべきことが具体的に見えてきて、アクションを起こしやすくなります。

法人営業の場合も同じです。

法人営業では、多くの場合、複数の契約が存在していてAという契約とBという契約の更新日がそれぞれ異なっていたり、別の保険会社の商品に加入していたりするなど、いろいろな契約が複雑に絡み合っています。絡まった糸をときほぐすように、1つひとつ物事を整理して、「今すぐ見直したほうがよいもの」「今は置いておいて数年後に見直ししたほうがよいもの」などをすべて一覧にして説明します。100件くらいあった場合には、保険の種類ごとに分ける、契約した日付ごとに分類するなどにして全体がわかるようにします。まさに**「準備が8割」**です。

先述したように、全体のパーツを俯瞰してみると、「ここは必要だな」「これはムダだけど、あと3年はやっておかなければ」というように要・不要が明確になります。「3年後に見直しが必要なものに関しては、追ってご連絡しますね」と伝えると、たいていは「お願いします！」という答えが返ってきます。このことで、お客様との関係も3年間延長されたことになります。

お客様の頭の中を代わりに整理して、「わからなかったこと、懸念していること」「やったほうがよいこと」を順に伝えることで、お客様を迷わせないですみます。

11 断り文句からお客様の真意を読み取って生かす

保険営業は、お客様から数多くの断りを受けます。それをすべて真に受けるのではなく、どのようなシチュエーションで断られるのかを考えてみましょう。

①お客様との信頼関係が構築できていない段階で、保険商品を提案してしまうとき

先述した通り、保険商品の話（診断や見直し、提案）をするのは、お客様の気持ちの温度が高まったときです。まだコミュニケーションが十分に取れていない段階で、信頼関係（ラポール）が構築できていないのに保険の話をすると、お客様は**「お金がない」「相談する」「考えておく」**といった断り文句を言うことが多いです。このように言われた場合、お客様は「わからない」や「損するのでは」という気持ちを抱いていることが多いです。

生保営業としては、お客様に必要性を理解していただくことやわかりやすく伝えることといった課題があります。ですから、商品の説明だけでなく、お客様の利益を理解していただく対策が必要です。

②お客様にとって優先順位の低い商品を提案してしまうとき

お客様が「がん保険を探しています」と言って来店されたので、がん保険のみ提案するトークを行うと、「がんのときしか給付金を受け取れないのはちょっと……」といった断りを受けることがあります。お客様は保険に詳しいわけではないので、言葉にとらわれず、しっかり**加入状況を把握したうえで提案をすることが必要**となります。

③保険料を提示したときに断られる場合

お客様が安心して暮らしていくための生命保険であることをきちんと説明せずに保険料を提示した場合、多くの場合、断りを受けます。お客様の将来（未来）のために必要不可欠な保険であることをしっかり説明する必要があります。

また、**お客様からの本当の断りは、「実は……」という言葉からはじまる、内容に関するものがほとんど**です。「お金がない」「保険にはたくさん加入している」などの断り文句は、「あなたとはもうこれ以上話したくない」という意思の表れです。

そうならないよう、まずはお客様とのコミュニケーションをしっかり取って、信頼関係を築くことからはじめましょう。

12

お客様の名前は呼んで覚える

ご夫婦のお客様にはつい「ご主人様、奥様」と言ってしまいがちですが、できるだけ「○○様」と名前で呼びましょう。それには2つの理由があります。1つ目は、お客様に好印象を与えられるから。2つ目は、自分が**「お客様の名前を覚えることができる」から**です。

生保営業は、人の名前を覚えることが仕事のようなところがあります。でも、毎日会う人の数が非常に多いため、つい忘れてしまうこともありますよね。だったら、会ったその場で名前を覚えてしまえば楽ではないでしょうか。これも効率化の一つです。

名前を何度もリピートしているうちに、自然と名前を覚えるようになりますし、記憶が定着してきます。道端でばったり会ったときに、「こんにちは。○○さん」と言えたら、相手に好印象を与えられます。

大阪・北新地のあるクラブのママさんは、2年前に一度だけしか来店していないお客様の名前を覚えているそうです。2年ぶりにお店を訪れたのに、「いらっしゃいませ、○○様」と自分の名前を呼ばれたら、「俺、一度しか来てないのに名前覚えていてくれたんだ！」とうれしい気持ちになりますよね。そのくらい名前って大事なのです。

私たちにとっては多くのお客様の1人かもしれませんが、お客様にとってはたった1人の担当者です。だから、名前はしっかり覚えましょう。

また、お客様に話を聞いてほしいときにも意識的に名前を呼ぶと効果的です。

「あの、○○さん、ちょっとこれを見ていただきたいのですが」などと言うと、こちらの話に集中してもらうことができます。

とはいえ、名前を連呼しすぎないよう気をつけましょう。たまに、「そうですよね、○○

さん。なるほどね、○○さん……」と枕詞のように名前を呼ぶ人がいます。やりすぎると不自然な空気になりますし、お客様もあまり良い気分はしないので注意が必要です。

13 新たな利益を提案して念押しする

お客様に事実と利益を話して、お客様が納得し、「入ろうかな」という気持ちになったとします。しかしそこで契約、クロージングするのはまだちょっと早いです。もう一段階ステップを踏みましょう。お客様の役に立つ提案になっているかをしっかりと確認するのです。

この段階では、すでにこの保険商品がお客様にとってどんな利益があるかを説明済みだと思いますが、さらにプラスアルファで先ほどと違う事実と利益の話をします。

たとえば、**「終身医療保険に加入されますと、1日1万円の入院給付金が受け取れます**（事実）**」ので「安心して療養していただけます**（利益）**」**といったことです。それにも納得してもらい、「よし、絶対にやるぞ！」という気持ちになってもらってはじめて、お客様は契約をします。いってみれば、**「念押し」をすることが大事**なのです。

一度、時間をかけて詳しく説明し、納得してもらっている内容なので、さほど長い時間はかかりません。「要するにこうですよね」とまとめて伝えるだけでよいのです。

ですが、この行程をやるかやらないかで、その後クーリングオフになったり、短期で解約されたりするリスクはかなり減ります。

契約をもらうためにだけしゃべっている人や、契約をもらうために実際にはお客様にとって役に立たない提案をしている人をよく見かけます。

「私が担当しているから大丈夫です！」という強い態度にお客様が押されて契約したものの、いざ契約が済んだらお客様が電話しても出ないとか、契約後の対応で「そういうことは私の出る幕ではないので、コールセンターに連絡してください」という対応をし、結局、すぐに解約になったケースも数多く見ています。お客様の立場で考えてみたら当たり前ですよね。

私はいつも**「保険はご契約いただいた後からおつき合いがはじまりますからね」**と口ぐせのように言っています。契約の大小にかかわらず、とにかくつながりができたことでお客様が幸せになるためのお手伝いができるからです。

そのためにも、この提案が本当にお客様の役に立つものかどうかをお客様自身に最終判断してもらうことが大事なのです。

14 貴重な時間をいただいたことに感謝する

お客様に「ありがとう」と感謝の気持ちが湧くのは、契約していただいたときだけではありません。まず、**「自分のつたない話を聞いてくれたことにありがとう」。そして、「貴重な時間を使ってくれたことにありがとう」**です。


新人の頃は、こちらがどんなに一生懸命に話しても、とても冷めた表情で聞いている方もいましたし、話の途中で寝ている方もいました。お客様の立場で考えれば、話に魅力がないと引き込まれないですし、つまらない話を長い時間聞くのはつらいですよね。

まずは、自分の話をして、お客様の気持ちを解きほぐし、次にお客様に話してもらう。この会話のキャッチボールを繰り返すうちに、徐々に会話のハードルが下がって、自分の伝えたいこと、言いたいことを話せるようになっていきます。そうして、最終的にはお客様より半歩先をリードして会話を進めていけるようになるのです。

「契約してくれてありがとう」と思っているうちはまだまだです。たとえ契約してくれなくても、「話を聞いてくれてありがとう」という気持ちを忘れずにいましょう。

契約が少しずつ取れるようになると、周囲の人からちやほやされて勘違いする人が出てきます。でも、ほめてもらって調子に乗っていては、決して成長しません。

たとえ契約に至らなかったとしても、ありがとうの気持ちはしっかり持ちましょう。「おはよう」とあいさつするのと同じように、「ありがとう」を口ぐせのように言いましょう。

「長い時間おつき合いしてくれてありがとうございます」「話を聞いてくれてありがとうございます」の後に、**「これから長いおつき合いがはじまりますので、なにかお困りごとなどがあったら遠慮なく言ってくださいね」**とつけ加えれば、お客様は安心しますし、信頼度もグッと上がるはずです。

15 熱意8割、冷静さ2割がベストバランス

よく恋愛で、「適度なアプローチは好まれるけれど、強引すぎるのは嫌われる」といわれますよね。営業もそれと似たようなところがあります。押しすぎると相手は逃げるか、もしくは構えます。お客様は押すと逃げますが、引いても恋愛のように追いかけてはくれませんから、距離は離れるばかりです。

営業は「全力で」「熱意を込めて」といわれることも多いですが、あまり押しすぎず、距離を一定に保ちながら「ちょっと引く」ことを心がけましょう。食事も腹8分目というように、**アプローチも熱意は8割にとどめ、残り2割の力でもう一人の自分が背後から冷静に見守るイメージ**で取り組むことが大切です。

この話をすると、タレントの明石家さんまさんを連想します。さんまさんがおもしろい要因の一つに、「引き笑い」があると思っています。ほかの人はみな、どんなときも10割の熱意で、前のめりになって「そうそう!」と手をたたきながら笑ったり、すごい勢いで話

したりしています。でも、さんまさんはマシンガンのようにしゃべったかと思うと、「ひっひっひ」と引いた笑いをしながらのけぞるんですよね。まさに、しゃべりの熱意が8割で、残りの2割は「引きの笑い」と、絶妙なバランスを取っています。

お客様との物理的な距離は、たとえば首脳会議などで大統領同士が握手する距離を意識するとよいでしょう。手と手を出して、ギリギリ握れるくらいの間隔が、一番心地良いラインです。それより近いと威圧感を与える場合もあるでしょうし、逆に遠すぎると心が通じ合わないと感じます。

自分が少し攻めたいな、と思うときほど少し冷静になって引き気味で話すようにしましょう。人は何かを売り込みたい、熱意を伝えたいときには、つい前のめりになりがちですが、これは逆効果です。相手は圧を感じると逃げます。下手な生保営業は、お客様が少し興味を持ってくれたと感じると、「これはいける!」と思って一気に前に出ようとします。

一方、トップセールスの場合は、お客様が興味を持って質問をしてくれたら、「それは後で説明しますね」と後回しにします。その場でお客様の質問に答えてしまうと、お客様のペースに乗ってしまうことになるからです。自分のペースを守るためにも、「聞きたいことがあったら、あとでまとめてお話ししますね」といったん引くのです。お客様も自分の知りたいことを聞くまでは話を聞いてくれます。

このように、自分のペースを守るためには空間や距離感を味方につけましょう。

16

ノウハウやスキルを生かす総合力を身につける

生保営業の仕事に就くとまず習うのが、保険の商品知識や仕組みです。次に、事務手続きやコンプライアンスについて学びます。

それが終わると、「では営業に出ましょう」となります。いきなり体当たりです。新人さんは習ったことをアウトプットしようとするので、**「商品売り」**になってしまいがちです。

実際、商品を提供している保険会社から提供してもらえるのは「売るためのノウハウ」ではなく「商品知識」です。「既存の商品が売れなくなったら、新しい商品をつくるから売ってね」ということなんですね。

8割くらいの人は、商品の説明だけで契約を取りに行こうと頑張ります。残り2割の人

4

は少しずつ経験を積んでいくうちに、「商品説明もさることながら、実はコミュニケーションスキルも必要だな」ということに気づきます。でも、どうしたらコミュニケーションスキルが身につくかについては、ほぼ教えてもらえないのが現状です。

だから、「お客様から断られた」「今日はうまくいかなかった」「自分が行き詰まった」にもかかわらず、「じゃあ、それをどうしたらよいのか？」という解決策がわからないのです。

そこでいろいろな知識を仕入れては試してみます。

たとえば、営業のノウハウ本を見て、「この一言を言うだけでお客様に気に入ってもらえる『キラーワード』を見つけましょう」と書いてあるので、会話の中から一生懸命それを探ってみることもあるでしょう。でも、キラーワードを見つけたところで、それをどんなシチュエーションで発すれば効果的なのかまではわからないので、うまく使いこなすことができません。

知識や技術をインプットしたら、それをお客様とやりとりをするなかの最適なタイミングで投げかけることが大事です。たとえるなら、頭の中に知識の引き出しがあったとして、「今、このタイミングで、引き出しの2番目のカギを開けてあの知識を出して使おう」と考えられる**「総合力」**が重要だと思うのです(図4-5)。

私は大阪人なので、お笑いが好きです。お笑いには「ボケ」と「つっこみ」がありますよね。絶妙のタイミングでボケて、絶妙のタイミングでつっこむ。ここぞ！ というタイミングだからこそ笑いが起こるのだと思います。

これは営業も同じです。場の空気としゃべりとお客様のリアクションがうまく重なったときに、キラーワードが効くのです。

そのためには、先述したように**全体を客観的に見て判断できることが大事**です。目の前のことに精一杯になりすぎて、自分が何を言っているのか、何のために話してい

図4-5　コミュニケーションの総合力

るのかがわからなくなってしまうと、そのタイミングを見失ってしまいます。

そうならないためには、もう一人の自分が後ろにいて、自分の話を冷静に聞き、「それじゃなくて、次はこれだよ」と言ってくれるような客観的な視点を持ちましょう。今、自分は何をしゃべっているのか、その話は全体のどの部分にあたるかを考えてみるのです。

具体的な方法を2つ紹介します。

1つ目は、自分がどのようにしゃべっているのかを一度録音して聞いてみることです。「けっこう早口でしゃべっているな」「変な口グセがあるな」など、客観的に聞くことができますし、「もっとこうしたほうがいいな」という改善点もわかるでしょう。

そうすれば次からは、これらのポイントがしっかりクリアできているかどうかを、もう一人の自分がチェックし、ときには注意やアドバイスをしながら話すことができます。

2つ目は、「大喜利」をやってみることです。「笑点」というご長寿人気テレビ番組もありますね。1つのお題に対して、出演者がおもしろいことを言い、司会がおもしろいと思ったら座布団がもらえる内容です。あれを自分でやってみるのです。

たとえば、ボールペンを目にしたら、「ボールペンとかけまして、私の営業の志と解きます」とお題を出し「その心はどちらも芯が硬い」と答えて、それに続く話を考えてみます。

お客様は何に興味があるかもわからないですし、家を訪問した際、何があるかもわかりません。どんなアイテムでもネタにできると、そこから話題が広がります。

17 お客様の背中は強さとタイミングを考えて押す

お客様が保険に入ろうかどうしようか考えているとき、なんとかして入ってもらいたい、あとちょっとだ！　とついつい背中を押したくなることもあるでしょう。

しかし、背中を押す際にはその強さとタイミングに気をつけましょう。

たとえば、何かを達成して喜びを感じているときに、「よくやったな！」と背中をバシッ！　とたたかれたら、うれしい気持ちが増すかもしれません。でも、何も感じていないときにいきなり背中をたたかれたら、「何すんねん！」とムッとするのではないでしょうか。

営業でもそれは同じです。お客様が迷っているときに「保険、入ります？」と強くたたみかけるのは、背中を強く押しているのと同じこと。「なんであなたが決めなきゃいけないの？」と反発を食らうだけです。

山の頂上にボールを置いたとき、強い力を入れなくてもそっと押し出すだけで、ボールは勢いよく転がり落ちます。頂上に行くまではしっかり押し上げる必要がありますが、頂上まできたら、あとは軽くそっと触れるだけで十分ですよね。

営業もそれと同じで、**お客様の気持ちが固まるまではしっかりと押し上げます。**丁寧に説明を重ね、保険商品によってお客様の理想の未来に近づくことを話します。

お客様が、「そうだね、やっぱり保険に加入したほうがいいよね」「いい感じだな。最後に冷静になって頭を整理しておこう」と考えたタイミングがきたら、最後にそっと背中を一押しするのです。

「お客様が今、心が決まったな」とわかる瞬間があります。

たとえば、あまりうなずいていなかった人が「うんうん」とうなずきはじめるのもその一つです。また、反応が薄かった人が、「おお!」「なるほど」など声をあげはじめる、これまで他人事のように聞いていた人が、「たとえば、この場合にはどのようになる?」と自分事として聞いてくるのも、心が決まりつつある反応です。全然保険に加入するつもりがなくて、冷やかしに質問している場合と、「やっぱり入ろうかな」と思いはじめたときに質問をしてくる場合とでは、真剣味も違いますからすぐにわかります。

「実はさ……」と言い出してきたら、その方のホンネであることが多いです。心を開いて、本当に思っていることを話してくれているので、こちらも親身になって相談に乗る必要があります。

このようなお客様の変化が見えたら、

「○○さま、生命保険を利用したと考えてください。すると、65歳で定年を迎え、老後生活に突入されたときに、ちょうど若くから加入していた保険が満期になって、1000万円の満期保険金が振り込まれました。そのときには『やっててよかった』と笑顔になりませんか？」

と話してみましょう。

人から愛されるには、大切な人を心から愛そう

自己啓発の本などには、「周りの幸せを考える前に、まず自分が幸せになりましょう」といった内容が書いてあります。

では「自分の幸せ」って一体何でしょう？

物欲、金欲、食欲、出世欲、性欲……、人間にはいろいろな欲がありますが、それよりも**愛する誰かがいるかどうかが自分の幸せにつながってくる**と私は思っています。

自分が幸せになりたかったら、まず自分が好きな誰かが幸せでいることが大切ではないでしょうか。

好きな人というのは、一番に家族やパートナー、二番に友達、三番に会社の同僚、取引先、趣味の合う人……などかもしれません。実際、生保営業で大成功している人たちを見ていると、みなさんとても家族を大事にしているんですよね。めちゃくちゃ派手に遊んで、大金を使って……という人はほとんどいません。それは、「お金があるから幸せ」ではなくて、家族や友達をはじめ周囲の人の幸せを感じられることが、自分の幸せにつながってい

る、ということがわかっているからだと思います。

このなかで、幸せになるために特に大切なのは**「友達」選び**です。基本的に人間は弱い生き物ですから、人の支えなしに生きてはいけません。生きていくうえで、「この友達とつながっているから安心だ」という実感を得られたら、それが幸せです。

人生でつらかったり、悩んだりしたときに、話を聞いてくれて、相談に乗ってくれて、動いてくれる。そういう相手を選びましょう。そして、自分も友達のために同じように動きましょう。友達がそのような行動を取ってくれるのは、普段から自分も友達のために何ができるかを考えて動いているからです。友達というのは良い意味でお互いにメリットがあるから成り立ちます。自分が相手にとってプラスになり、相手が自分にとってプラスになる。そういう相手が友達です。

「餅は餅屋」ということわざがありますね。私は生保営業しかできません。でも、ほかの友達がそれぞれ得意なことを発揮してくれて、何かあったら親身になって助けてくれます。そのような考えでつながっていくと、どんどん自分のファンが増えていきます。そして、どんどん幸せになっていくのです。

第5章

【メソッド3】

クロージングせずに契約が決まる営業スキル

01 提案がすんなり通る話の順番とアレンジ力

自分自身の「マインド」を整え、お客様との信頼関係を築く「コミュニケーション」を身につけたら次は、いよいよ契約に向かうまでの「スキル」について学んでいきます。

その前に、あらためてお客様に会ってから、どのように話を進めればよいのかを振り返りましょう。ポイントは、次の順番で話を進めていくことです。

①挨拶
②季節の話
③世間話（お客様の興味、ニーズを探る段階）**、家族構成、住んでいる地域のこと**
④保険の仕組み
⑤保険の説明とお客様の利益

本や研修などでは、アプローチ、ニーズ喚起、商品説明、クロージングと書いてあることが多いですが、私の場合はこの方法が一番効果がありました。実際にトライアンドエラーをしながら体得したので実感を持って言えます。

ですが、必ずしもこの順番にとらわれる必要はありません。想定した通りに話が進むとは限りませんので、**お客様の反応を見ながら、柔軟に変えていきましょう。**

「①挨拶」からはじめることに変わりはありませんが、来店型の店舗や誰かからの紹介など、お客様がすでに保険に興味を持っていることがわかっている場合、次に**「④保険の仕組み」**を話す場合もありますし、**「⑤保険の説明とお客様の利益」**から話をはじめることもあります。また、お客様が納得していそうな場合、次に**「⑤保険の説明とお客様の利益」**へと話を進めても全体の2割程度に話をとどめることもあります。

お客様のノリがすごくよさそうなら、**「①挨拶」**すら飛ばしてもよいでしょう。思い切って**「②季節の話」**や「キレイな花ですね」などお客様の身近な話題（**「③世間話」**）からはじめてみると、話をしてもらえる場合も多いです。

また、次の場合、話を無理に進めずに早々に失礼することもあります。

●「ちょっとしゃべりすぎたな」と思ったとき

こんなときは「お時間ありがとうございます。ゆっくり○○の点について考えていただき、不明な点がありましたらご連絡ください」と言って早々に、静かに引き上げます。ここで、「ぜひ私にご用命を！　お願いします！」と言って粘ってもお客様のテンションが下がるだけです。

●お客様が少し興味を持っているなと感じた場合

こんなときは**がっつくのは禁物**です。商品の説明をしたくなるかもしれませんが、あえて勇気を出してこう伝え、たとえ、予定がなくてもその日は帰ってきます。

「今日はお時間をいただき、お話ししていただいてありがとうございます。今日はこれからちょっと約束しているところがありますので、あらためておうかがいしてもいいですか。今度、この日は空いていませんか？」

すると、お客様はもっと知りたいと思い、連絡をしてきてくれます。

後述しますが、私の場合、「ぜひご加入ください！」といったクロージングは特に行っていません。**クロージングをしなくても、お客様が自然と決断されるような話の流れをつく**

っているだけなのです。

「②季節の話」と「③世間話」でコミュニケーションを図り、お客様が得するような情報を伝えれば、お客様から断られることはまずありません。ここを重点的に行い、自分を知ってもらい、信頼してもらうことがとても大事です。この工程を抜きにしてお金の話はできません。**セールスが嫌がられるのは、話が面白くない、コミュニケーションが取れないなど雰囲気が悪い状況で商品を売ろうとするから**です。

その場の空気やお客様の気持ちを読み取り、臨機応変に会話を進めてみましょう。

02 新人が瞬時に一人前になる「完コピ」の技術

私の会社では、社員を3カ月で独り立ちさせるという話をしましたが、それができるのは、「完コピ」(完全コピー)、つまり丸覚えして、そのまま話せばバッチリ！　という商品トークマニュアルがあるからです(トークスクリプトについては第6章参照)。

では、どのようなことを話すのでしょうか。

それは、**医療保険、がん保険、定期保険、終身保険、養老保険の5種類の保険の「仕組み」**を順**番に話していく**のです。あくまでも**商品の説明ではなく、「仕組み」の説明**です。

生命保険の場合、「主契約」という基本の契約に「特約」と呼ばれるオプションがたくさんついています。ある商品は医療保険が主契約で、それにがん保険、定期保険、終身保険が特約でついて、一つの商品になっています（図5-1）。セットになっているとわかりにくいので、それらを医療保険、がん保険……と1つひとつ分解し、わかりやすく伝えるというわけです。

たとえば、医療保険。言葉だけで見たら、「入院したらもらえるもの」と思うかもしれませんが、

図5−1　生命保険の仕組み

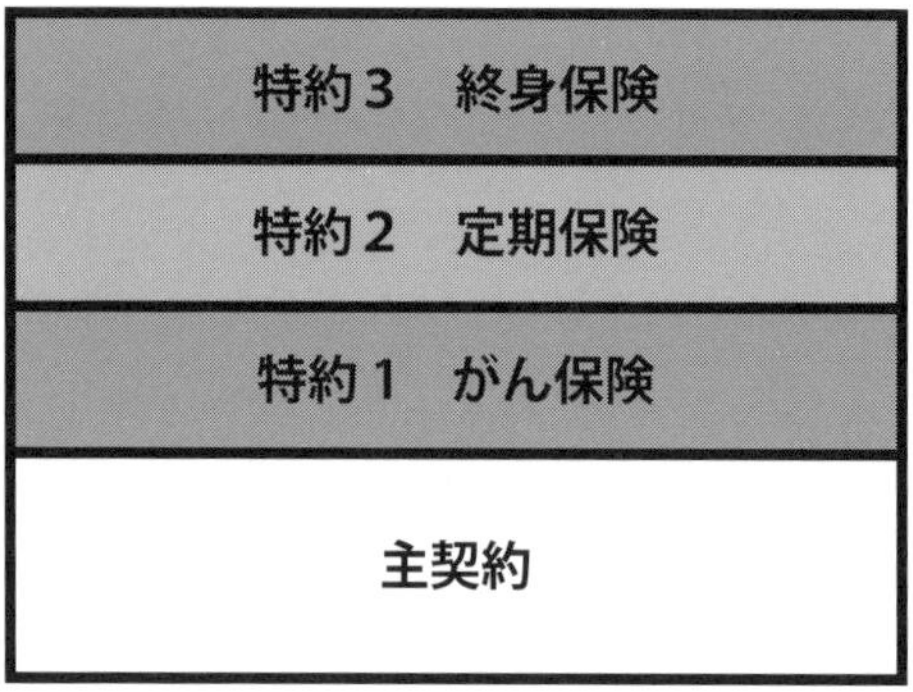

「入院したときに1日○○円」「手術したら手術代○○円」「放射線を照射したら○○円」など、それぞれ条件があります。

手術でも、目を二重にする、鼻を高くするなどの美容整形手術では出ません。事故で頭を切って何針縫うなどの手術は、厳密に言うと「処置」なので、生命保険でいう「手術」にはあたりません。ただ、病気や事故で入院すれば入院給付金は出ます。これは商品説明ではなく「仕組み」です。

お客様は「がん保険が欲しい」ということで来店される場合があります。でも、話を聞いてみると、医療保険やがん保険、終身保険の仕組みを知らず、CMなどで見聞きしたイメージだけで「良さそう」と思っているだけのことも非常に多いです。そこで、「医療保険に入っていたら、がんで入院したり手術したりしても保険はおりますよ」と伝えたあと、「がん保険だけ加入していたら、がん以外の普通の病気で入院しても保険はおりないんですよ」というようなことを、仕組み図を書きながら説明します。

保険の仕組みはわかると非常にシンプルです。なので、保険の知識がまったくないお客様にも、すんなりわかってもらえると思います。また、新人さんでも繰り返し練習すれば2日間あれば覚えられます。

なぜ仕組みを覚えるとよいかというと、一度仕組みを覚えてしまえば、どんな商品を説明する際にも応用が利くからです。**商品は仕組みの組み合わせによってできています。**そして、**仕組みは基本的に変わらないのです。**

たとえば、ある保険会社のSという商品はAとBとCの仕組みがくっついているとわかったら、AとBとCについて勉強すればよいだけです。商品SがAとBとDの組み合わせである新商品Pに変わったら、Dだけを新たに勉強すればよいのです。

もし商品ごとに覚えていたら、まずSという商品について全部覚え、Pという商品に変わったら、Pについて一から勉強し直さなければいけないですよね。どちらが楽か？　答えは明白です。このように、仕組みを覚えたほうがずっと効率的なのです。

03 先生、上司、お客様から学ぶ

新入社員が入社してくると、必ず次の質問をします。

「もし、今の頭脳や知識を持った状態で7歳（小学1年生）に戻り、勉強をやり直したら東京大学に合格すると思う?」

　東大を卒業した人に同じ質問をすると、10人が10人、「**それはやってみないとわからない**」と答えます。「あのときはたまたま受かったけど、今度受けたら合格するかはわからない」と。なぜ、そう答えるかといえば、実際に東大を受験しているので、東大のレベルも自分のレベルも知っていて、客観的な目で分析できているからなのです。

　しかし、東大を卒業していない人は10人が10人「受かると思う」と答えます。理由は、当時よりもさまざまな知識や経験を重ねているからだといいます。しかし、本当にそうでしょうか?　東大に受かるために必要なのは、確かな基礎学力や知識の上にある応用力です。

　ところが、私たちは今自分がどんな位置にいて、どんな能力があって、何が足りないのかを客観的に把握し、分析することをついおろそかにしがちです。基本的な知識や自分にとって本当に必要な知識よりも、上辺だけの知識やその場しのぎの情報、流行りばかり追い求めてしまうところがあります。

　だから、一度ちょっと立ち止まって、これまでに先生、上司、お客様からどれだけ多くのことを学んできたかを思い出してみましょう。私は営業で回るなかで、縁側でおしゃべりしているおじいちゃん、おばあちゃんたちから戦時中の話を聞いたことがありました。

特に、おじいちゃんを戦争に送り出したおばあちゃんたちの話は非常に貴重で、その後、生保営業するなかでおおいに役立ちました。

たとえば、戦時中の話は現代に生まれた私たちにはとても想像もできないくらいのつらい内容でした。食糧難になったときには草木を煮て食べた、たった一つのサツマイモをすってスープにして栄養補給をした、子どもが遊ぶ玩具などがない時代、野山にある草木でおもちゃ代わりのものをつくったなど……。壮絶な体験をされた方からのお話を聞くたびに、「今は何と幸せな時代なんだろう」と考えさせられました。また、そのような厳しい時代を生き抜いてきた方たちにはみな、「どんな状況にあっても、みんなで生き抜いていくのだ」といったエネルギーと実際に生き抜くための知恵があります。

そういった知恵や生き抜く力は、私たちやもっと若い世代の人たちにも必要なものだと思うのです。**自分のアンテナをもっと伸ばして、さまざまな年代の方から積極的に何かを学ぶ姿勢を持ちましょう。**

知らないことを知ったとき、できなかったことができるようになったときの喜びは最高です。そして、何かを学んだり教えてもらったりしたら「ありがとう」という感謝の気持ちを忘れずに。それらは必ず自分の実力になります。

うれしいことに、生保営業はお客様を選ぶことができます。自分の求めるジャンルのお客様を積極的に選んで、アプローチしたってよいのです。どんどんチャレンジして、自分を高めていきましょう。

04 共感力で話のリズムをつくる

共通の話題があると話が盛り上がりやすいですよね。とはいっても、共通点を見つけるのはそう簡単ではありません。そこで、「共通の話題」を「共感できる話題」と置き換えて考えてみるとよいでしょう。

上手な生保営業は「〇〇さんがおっしゃること、よくわかります」とうなずきながら話します。お客様の言うことに共感し、話を合わせていくんですね。でも、まったく共感できないことにまで無理に話を合わせていく必要はありません。その違和感にお客様も気づきますし、なによりお客様もうれしくありません。

共感できる話題ですから、**「お客様も自分自身も共にうれしくなること」が大切**です。そのためには**ストーリー**が必要だと私は思います。

イメージとしては、ゲームの中にお客様にそっくりの「アバター」がいて、それがストーリーを繰り広げていく感じです。主人公はお客様、生保営業は実況解説です。「もしこれから何もしなかったらこんなふうになります」「何か努力したり、ちょっと考え方を変えたりしたら、もっと楽しい人生になります」と解説しながら、お客様にシミュレーションしてもらうのです。

具体的にはこのような感じです。

「今、こんな保険に入っています。思わず『あちゃー!』と言ってしまうような残念な保険です」「これは見直したほうがいいな。でも、それには加入のきっかけになった知り合いのおばちゃんと戦う必要があります。ここでしっかり考えを持ったら幸せが待っています。さあ、どちらの道を選ぶ?」というようなストーリーになるでしょう。

もちろん、このままの言葉でお客様に伝えるわけではありませんが、話の展開の仕方としてはこんなイメージです。もし、お客様が「戦って乗り越える道を選んだ」なら、そのときにはじめて新たに保険を紹介します。

会話はお客様に無理に合わせるのではなく、同じ立ち位置で、同じ気持ちを味わえることが大切です。

05 緊張と緩和のギャップを利用する

緊張と緩和をうまく生かしているものといえば「お笑い」です。 私は吉本興業のお笑いが好きで、よく公演を観に行きます。村上ショージさんがビシッとスーツで決め、ギターを今にも弾きそうな雰囲気を醸し出しながら登場すると、私たち観客は「絶対ギターは弾かれへん、弾かれへん(弾かないよな)」と思いながらも、どんな展開になるのかちょっとドキドキ。固唾を呑んで、事の展開を見守ります。

最後に村上ショージさんが「このギター、弾けませんけどね。皆さん、わかってると思いますけど」とひと言。我々はずっこけます。「やっぱり!」と思いながらも爆笑です。これぞ、緊張と緩和のギャップです。「いつくるか? いつくるか?」と緊張している間は、舞台にくぎづけになり、最後の一言でずっこけて緩和する。完全に相手のペースに引き込まれています。

生保営業でも、この緊張と緩和のギャップが応用できます。

たとえば、お客様に保険の説明をしているとき、「こんな場合はどうなの？」というような質問を受けることがあります。そこで、「それはですね……」とすぐに答えてはいけません。「そこは大きなポイントなので、あとで話しますね」と後回しにしましょう。これがちょっとした「緊張」を生みます。すぐにお客様の質問に答えてしまうと、相手のペースにあっという間に巻き込まれてしまい、最後には「ちょっと検討してみます」というほぼ断りのセリフで終わってしまうのです。

ここはあくまでも自分のペースを維持して「質問されても答えない」こと。そのためにも**「あとで話しますね」が有効**です。和やかな空気を「あとで話しますね」という緊張でビシッとしめる。そして、「お客様がおっしゃっていた〇〇と〇〇については、このプランを利用されることで解消するはずです。安心していただけます」で緩和します。この緩急をつけた対応が重要です。

06 クロージングは必要ない

先にも話しましたが、実際に生保営業の仕事を続けてきて思うのは、**「クロージング」は必要ない**ということです。保険に加入するかどうかは、営業が決めるのではなく、お客様自身が決断することだからです。

実際、**お客様が自分で最終決断した契約は長く続きます。**それは、「なぜこの保険をかけているか？」という目的をお客様自身がはっきり理解していて、納得したうえで契約をしているからです。

一方、生保営業がクロージングをかけた契約は長くもたず、クーリングオフや途中解約されることも多いです。「月払いにしますか？」「1万円にしますか？　それとも1万2000円がいいですか？」「死亡保障額はこのくらいでどうですか？」と生保営業がお客様にたたみかけることで、お客様の心の中にはなんとなく「やらされた感」「入らされた感」が残ってしまうのです。

ですから、お客様が自然と判断ができるように導いていくのが、生保営業の仕事です。たとえば、月の支払い額も死亡保障額も、「私はこのくらいにしよう」とお客様で決めていただきます。生保営業は「これで大丈夫です？」と確認を取ります。もしもう少し金額を上げたほうがよいと感じたら、**「もうちょっと金額は高いほうがいいかもしれませんけれど、その分、月の支払額は少し上がります。どうします？」**と尋ね、お客様の判断にゆだねます。

このように、こちらから「こうしたほうがいいのではありませんか？」とたたみかけるのではなく、お客様に決めていただきます。この手順を踏むと、お客様も自分で発した言葉なので、「頑張って続けよう」という気持ちが出てくるのです。

07 沈黙を恐れず、間をコントロールする

お客様と保険の話をしていて、「これ、いかがです？」と言ったとき、沈黙が生まれることがあります。生保営業にとって、この**「間」は悪魔の「魔」というくらい**、非常に嫌なものの一つではないでしょうか。

お客様との会話が5～10秒途切れただけでとても焦りを覚えますよね。実際、100人いたら、そのうち99人は、この間に耐えられずにしゃべり出してしまうのではないでしょうか。

特にお客様の話を聞くよりも自分がたくさん話し、話術で圧倒させるタイプの「攻めのセールス」をしていると、この間を怖く感じがちです。一方、お客様の話を聞く「守りのセールス」をしていると、お客様がたくさん質問をしてくれるので、間が心地よく感じるようになります。もし間が気になるようなら、お客様の話を聞く営業スタイルに変えることも一つの手です。

沈黙という間はお客様が考えを固める時間ですので、じっと待ちましょう。実際、人が真剣に考えているときには「うーん」と黙ることが多いです。間をどうコントロールするかが、営業にとってとても大事なことなのです。間をコントロールするには、次の方法があります。

- **「AとBどちらがベターですか？」と聞いた後、黙って待つ。**
- **「もし、加入するとしたらどのような保険がいいですか？」と聞いた後、黙って待つ。**

この方法は、クロージングの段階では、お客様の反応が良いときに使うのがベストですが、タイミングが難しいですよね。そんなときには**「〇〇、いかがです?」**という問いかけを使ってみてください。「いかがですか?」「いかがいたしましょうか?」の「か」は言わず、**「です?」で止めます。**

もちろん、通常、会話の中では**「〇〇ですか?」**といった問いかけはしていくのですが、少し会話に変化や緩急をつけたいときにあえて**「〇〇です?」**を使うと効果的です。

「いかがですか?」と言うと、お客様に回答を求める印象が強くなります。お客様が買うかどうかまだ揺らいでいる段階で「いかがですか?」と聞くと、人によってはプレッシャーをかけられたように感じ、「(今決断を下さないといけないなら) やっぱりまだやめておくわ」と断りの方向に向いてしまいます。

一方、「いかがです?」だと、意向に添っているのと、「どこまでわかりましたか?」と同意や確認の意味での問いかけ、どちらにも取れます。すでにお客様の気持ちが固まっていたら、前者としてとらえて返答してくれるでしょう。このとき、少し迷いがある人なら確認の意味ととらえて、思い浮かんだ質問や頭の中を整理したいことが出てくるかもしれません。たかが「か?」の一文字ですが、これがあるかないかで、お客様の反応も変わりますし、その後の流れが大きく変わってくるのです。

08 メリット・デメリットを二択で伝える天秤クロージング

お客様が少しでも納得していただけるような話をする際に使えるのが**「天秤クロージング」**という方法です。お客様が懸念している「問題点」とお客様が将来実現したい「希望」を両方挙げることで、**問題点と希望を天秤にかけてもらい、保険商品がお客様の希望を実現するために大きなメリットがあると感じてもらいます。**

たとえば、お客様には次のように伝えます。

「お客様が懸念されているのは、『保険料が高い』『保障は何歳まで必要か』『保険金をいくらにするか』の3点ですね。一方、お客様が将来実現したいことは、『保険はかけておきたい』『退職後の生活を考えると60歳までには払い込みを終えたい』『保険金は最低1000万円は必要』『万が一の場合、保険金が子どもさんに直接支払われる』『もしくは満了した場合には1000万円の満期保険金をご自分で受け取れる』の5点でしょうか」

このように、お客様の考えを代弁したうえで、次のように尋ねましょう。

「現在、懸念されている理由と実現したい考え、この2つのどちらが重要だとお考えですか?」

すると、たいていの場合、お客様は「やっぱり実現したい考えだよね」と答えます。そこで、それを受けて「お客様の将来に向けた前向きな取り組みですよね」と伝えたうえで、懸念点を払拭する説明をしていきます。

先の例でいえば、『保険料が高い』『保障は何歳まで必要か』『保険金をいくらにするか』について、1つひとつ説明をしていきます。たとえば、「保険料が高いという点については、A保険の商品にすることで少し抑えることができます。また、保障については……」とお客様の不安を払拭していくのです。

このようにすることで、お客様は懸念点がなくなり、それとともに実現したい未来への思いが高まっていきます。同時に保険商品に対する納得感が増して、最終的に自ら保険に入ろうと決断してくれるというわけです。

「天秤クロージング」で重要なのは、伝える順番と伝える数です。お客様に心地よく考えていただくためのちょっとしたテクニックです。順番一つでお客様の心に残る内容は大きく変わってきます。

日本語の文法的に、後から言ったことのほうが記憶に残るため、**問題点（悪い点）は先に、希望（良い点）は後に伝えます。**ただし、この順番で伝えても、問題点のほうを多く伝えてしまうと、お客様の頭にはデメリットばかりが残ってしまい、最悪の場合、契約を取りやめるかもしれません。**悪い点よりも良い点のほうを数多く伝える**ようにしましょう。

このように、クロージングに入る段階では、問題点と希望、デメリットとメリットなど、悪い点と良い点をあらためて整理し、お客様にわかりやすく見える化することで、スムーズに加入への決断を促していきます。

09 好感度を左右するのは身振り、手振り、表情

訪問件数が増えると、つい惰性で回りがちですが、どんな生保営業のベテランでも1件1件をとても大事にしています。**訪問では、1件ごとにリセットする気持ち**でいましょう。

そのためにも、一度、見直してほしいのが、**身振り、手振り、表情**です。

ぜひやってみてほしいことがあります。それは、身振りや手振りをせず、声と表情だけで元気が良い様子をつくってみてください。実際にやってみるとよくわかるのですが、声と表情だけでは元気な様子が全然伝わりません。身振り、手振りと表情がセットになってはじめて、元気な様子がお客様に伝わるのです。

一度、鏡に向かって自分の表情を見てみましょう。どのようにすると楽しそうに見えますか？　快活に見えますか？　どんな表情をすると怒って見えるでしょうか。そのほか、目の輝きは失われていないか、疲れて見えないか、自分はいけてるかな？　などとチェックをしてみましょう。

ただし、表情が大切とはいっても、**感情のアップダウンを顔に出しすぎない**ようにしましょう。

たとえば、契約商談中のお宅を訪れたとき、はじめは元気だったのに、契約を断られた途端に不機嫌になったり、表情が暗くなったりしたら……お客様は気分が良くないですよね。人間ですから、まったく表情を変えないようにするのは難しいですが、気持ちの波はできるだけ表に出し過ぎないよう心がけましょう。

常に無理をして全力でセールスしていると、断られたときにダメージが大きくなります。

セールスの際には8割の熱意をキープし、2割の余裕を持ちましょう。

また、調子が良いからといって、イケイケどんどんで上昇していくと、一度つまずいたら気持ちが急降下していき落ち込んでしまいます。提案しても断られる、見込客の減少による成績不振といった負のスパイラルに陥ることも多いです。

1件ごとに気持ちを切り替えていきましょう。1件ダメで落ち込んでも、次のお客様のもとに行く前にリセットする。仕切り直しが大切です。

10 断られたときの落ち込みを解消する方法

前節では、たとえ断られても1件ごとに気持ちをリセットしましょう、という話をしました。では、お客様に断られたとき、落ち込んだ気持ちを立て直すにはどうすればよいでしょうか？

それは、**うまくいかない原因を分析し、今後やるべき課題を見つけ、改善策を講じてい**

5

くことです。営業のたびにこれを繰り返し行うと、だんだんと自信がついていき、落ち込んでもすぐに気持ちをリセットできるようになっていきます。

最初のうちはダメージから浮上することはなかなか難しいかもしれませんが、量を積み重ねるうちに、やがて質もともなっていきます。

たとえば、飛び込み営業を100件断られても、101件目に良いお客様に出会うかもしれません。101件目にお客様に出会える人は、何件も断られている間に「どうやったら断られないか」を考えながら地道にやり続けているのです。だからそのうちすぐに断られなくなります。

図5−2　トライアンドエラーで自分を磨く

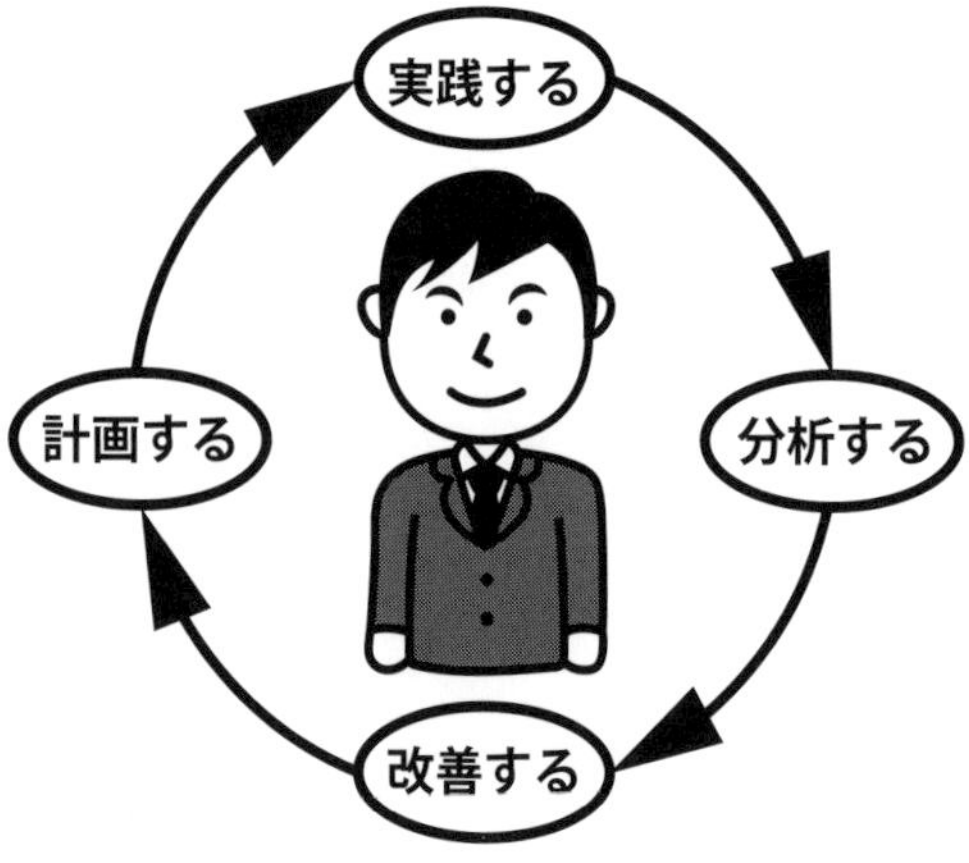

しかし、たいていの人は、101件目にお客様に出会えるとは思いもしませんから、途中で営業に行くことをやめてしまいます。何年経っても売上が上がらない人は、そもそも100件連続で飛び込み営業などしていません。ですので、量を積み重ねる機会もなく、トライアンドエラーで質を高めていくこともできないままです。断られたくない、自分を否定されたくないという気持ちばかりで逃げてしまっていて、やることをやっていないだけです。

だから、たとえ1日に100件断られたとしても決してめげないでください。そこまでやり続けていることは、それだけ努力しているということ。それだけでも勲章です。行動し続ける人はあとで必ず伸びます（図5-2）。

「ピンポ〜ン」とベルが鳴ったときが、ボクシングでいうところの試合開始の合図です。戦うわけではありませんが、スッと頭を切り替えて目の前のお客様に集中しましょう。

11 お客様にとってオンリーワンの存在になる

「とにかく売上を上げたい！」「契約してもらえたらうれしい」と考える生保営業は依然多いと思います。契約することがゴールだと、お客様の未来や将来の夢などに関係なく商品を売ろうとします。「商品売り」をしている間は、お客様からの信頼も得られません。

「この人なら、保険を任せても大丈夫だな。全部託そう」と思ってもらうためには、お客様よりも保険の知識に詳しいのはもちろんですが、保険以外にも頼ってもらえる存在になることです。**「何かがあったらあの人に聞けばいい」「契約を抜きにしても、あの人とはずっとつながっていたい」**と思ってもらえるようになることが大事です。

「私のお客様で60歳までに亡くなった方は一人もいらっしゃらないんですよ」

これは私の自慢です。お客様にこの話をすることで「この人から保険に入ったら、60歳までは元気でいられるんちゃうか。もしかすると、この人は福の神なのかもしれない」と思ってもらえたらいいな、という密かなねらいがあります。

これからの時代は、生保営業も「指名制」の時代になるのではないでしょうか。そんなとき、保険料の安さを売りにするのではなく、「この生保営業さんとつながっていたら、めっちゃいいよね」と思ってもらえたら、お客様も私たちもハッピーになれます。Win-Winの関係ならすべてうまくいきますよね（図5-3）。

こちらの商品のほうが得だ損だという話は、ほんの入口のことです。値段だけではなく、**生保営業自身の「考え方」を見て買っていただけるのが一番の理想**ですし、**そのような存在になることを目指してほしい**と思っています。

5

図5−3　お客様とWin-Winの関係を築く

○○さんなら、
困ったときに
なんでも相談できるわ

何を伝えたいのか、はっきり言うことの大切さ

お客様にきちんと言いたいことを伝えていますか？　と聞くと、10人中9人までは「言えていません」と答えます。でも、**自分の意見をきちんと伝えられる人のほうが信頼されますし、長い目で見て売上を上げることができます。**

私が若い頃、飛び込み営業に行くとよく「あんた、何しに来たん？」と聞かれました。「はっきり申し上げて、保険に入ってもらいに来ました」と馬鹿正直に言うと、たいていは「保険は入らへんで」という答えが返ってきました。このとき、「保険には入らへん」とは言われましたが、別に「帰って」とは言われなかったのでめげずに話を続けました。「何の用？」と聞かれたときは、保険に若干でも興味があるということです。「〇〇さんのお宅の保険のことでまいりました」と伝えました。

最初に何を伝えたいのか？　をお客様に言わないと、こちらの考えがきちんと伝わりません。繰り返しになりますが、生保営業の人柄や人間性を見て、「この人なら信頼できる」

と思って契約してもらったほうが関係は長続きします。そのためにも、「商品売り」にはならず、「この人はこんな思考を持っている」というところを見てもらう必要があるのです。

話の中から、**「この人にはこんな魅力がある」ということが伝われば、話もしっかり聞いてもらえます**し、最終的には「あなたがすすめるならそれにするわ」と言われるようになります。若いうちは、パンフレットを持って、トークや商品説明を練習して、話法を考えて……と装備を満タンにして、武装してから営業に行きますが、人となりを見せることができるようになれば、武装しなくても身一つで訪問できるようになるはずです。忍者のように、手裏剣一個あったらオッケーになればよいですよね。

5

第6章

これでマスター！

お客様が自然と欲しくなるトークスクリプト16

トークスクリプト動画は
下記からご覧いただけます▼

https://youtube.com/@alm_touchandgo

01 トークスクリプトの大原則はお客様を引き込むストーリーをつくること

本章では、保険営業の際に使える実践的なトークスクリプトを紹介していきます。トークスクリプトとは、お客様との会話の内容や流れをまとめた「台本」のようなものです。これを覚えて進めていけば、自然とお客様が乗り気になってくれるはずです。

その前に、大前提として**トークには「ストーリー」が必要**です。たとえば、映画であれば、家族を守るために悪と戦うヒーローに共感したり、逆境を乗り越えて成功をつかむ主人公に自分を重ね合わせて励まされたり、最初は気持ちがすれ違ってばかりいた2人がやがて心を通わせ結ばれるラブストーリーに胸を熱くしたり……。さまざまなストーリーがあるからこそ、話が盛り上がり、見ている私たちも引き込まれていきますよね。

保険営業も同じです。お客様が引き込まれるようなストーリーをつくり上げていきましょう。そのためには、**お客様が「どんなことを考えているのか」「どんなことを知りたいの**

か」と思いをめぐらすことが大切です。

とはいっても、実は大筋の内容は30年前とほとんど同じです。ストーリーを大事にするというトークの流れは、昔も今も変わりません。

まず、導入トークを①〜⑥の順番で行っていきます。

①賢い保険の入り方
②生命保険の必要性
③保険の仕組みは「相互扶助」
④保険の種類と特徴
⑤掛け捨て保険と積立保険の違い
⑥第3分野の拡大
⑦死亡保障から生存保障へと変化する生命保険
⑧外貨建て終身保険の仕組み

次に、商品についての話を①〜⑧の順番でしていきます。これは個別の商品の紹介では

6

なく、保険商品の「仕組み」についての話です。

①病気に備える「医療保険」
②がん治療に備える「がん保険」
③掛け捨てでも保障額が大きい「定期保険」
④老後保障に優れた「終身保険」
⑤貯蓄性が高い「養老保険」
⑥公的年金にプラス「個人年金保険」
⑦運用でリターンを狙う「変額保険」
⑧公的介護保障にプラス「介護保険」

⑤の養老保険までは必ず話をしますが、⑥の個人年金保険以降については、機会があれば、お客様が興味を持っていそうなら、もしくは時間があれば話をします。

ストーリーは、「今入っている保険」「家族構成」「住居状態」「資産」などによって変えます。お客様1人ひとり家族構成も生活スタイルも異なるので、それらに合わせてマトリクスを組んでいくのです(図6-1)。

たとえば、住む家が一戸建てかマンションか？　マンションだったら賃貸か分譲か？　それによってローンがあるかないかも変わってきます。そのほか、会社員か自営業か？　資産が多いかどうか？　見栄を張りたい人なのかそうでないのか？　などによって話題も異なってくるのです。これらの要素を組み合わせていくことを、**「マトリクスを組む」**と呼んでいます。

たとえば、高級タワーマンションに住んでいて家具にもこだわるお客様なら、それに合わせて、あまり馴れ馴れしくせず、適度な距離を保ち落ち着いた話し方をします。資産はあっても庶民的な方なら、敬語ばか

図6–1　ストーリーはお客様によって十人十色

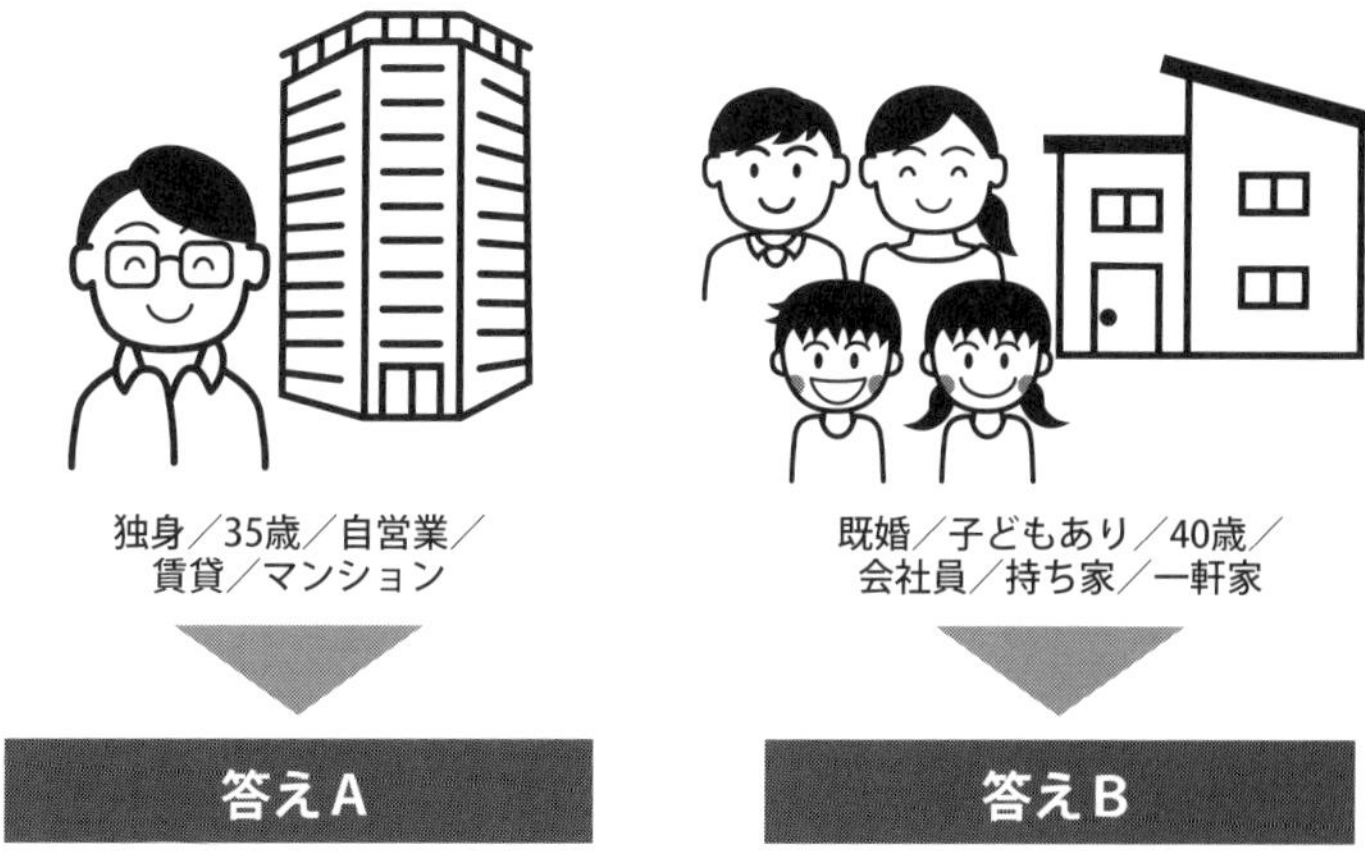

りでなく時折くだけた表現を使うなど親しげな感じの話し方をします。

独身の方なら、「将来、家族を持ちますか？」という話から、家族が増えた場合を想定したストーリーを展開することができるでしょう。家族をお持ちの方なら、家族が増えた場合や、逆にお子さんが巣立ってご夫婦だけになったときのことを想定したストーリー展開も考えていきます。

お客様に合わせてカスタマイズしたストーリーをつくっていくと、お客様には自分事として考えてもらえるのです。

ストーリーをつくっていく際には、まずは次の5つの要素でマトリクスを組んでいきます。

①独身か既婚か

②お子さんがいるか

③共働きか

④賃貸か？　持ち家か？

⑤マンションか？　一軒家か？

02 【導入トーク①】賢い保険の入り方

すでに保険に加入している方の場合には、今加入している保険が「良い保険なのか？」つまり、将来的に役立つ保険なのか？　それとも損する保険なのか？　を調べてあげましょう。

「賢い保険」とは、「お客様にとって良い保険」のことです。

お客様の立場からすれば、同じ保障がついているのなら少しでも掛け金が安いほうがよいですし、お金が貯まる保険なら少しでも予定利率が高くてお金がいっぱい増えるほうがよいに決まっています。ですが、実際にはこの大原則に合った保険商品に入っていない方が非常に多く、**賢い保険の入り方をしている人はとても少ない**といえます。

そこで、お客様が加入している保険商品を実際に見たあと、お客様に次のように聞きましょう。

6

「今、この保障で毎月〇〇円払っていますが、同じ保障であれば掛け金が安いほうがいいですよね」
「同じ保険料であれば、保障が手厚いほうがいいですよね」

貯蓄型の保険であれば、次のように聞きましょう。

「同じ金額を掛けているのであれば、お金がたくさん貯まるほうがいいですよね」
「予定利率が高いほうがお金が増えるので、そのほうがいいですよね」

このように言うと、お客様は「もしかすると、今加入している自分の保険はあまり良くないのかも？」と考えます。

これこそが、**お客様に保険を自分事としてとらえてもらう第一歩**です。

このとき決して「損していませんか？」など**否定的な質問をしない**ようにしましょう。お客様の中には、「私が保険を気に入って掛けているのよ」「損とか言わないで！」と返す方もいますので、逆効果になります。
うっかり質問してしまった場合には、次のように言って、さらっと去りましょう。

「保険は万が一のときに加入していたら大丈夫です。一度、担当の方に連絡を取ってみるといいですよ。では、失礼します！」

また、お客様がまだ保険に加入していない場合は、次のように聞きましょう。

「生命保険には数多くの種類があるので、選ぶことが大変ですよね。何をどのようにしたらいいのか、賢い保険の入り方をご説明しますね」

03 【導入トーク②】生命保険の必要性

お客様に「賢い保険の入り方」を話したら、次は、生命保険の必要性について話をしますが、その前に、人生にまつわるお金のことを理解してもらいましょう。


「お金は用途に合わせて3つに分けることができます。

1つ目は、日々の生活の中で『すぐに使うお金』。

2つ目は、子どもの入学金や受験料、家の補修費など、今すぐ使うわけではないけれど、数年後に必ず使う『やがて使うお金』。

3つ目は、将来や老後のために『残すお金』です。

そのどれもが人生に必要なお金です。特に、将来のために『残すお金』は、自分一人ならなんとかなるかもしれませんが、家族を持つと変わってきます。共働きなら自分が亡くなっても収入が途絶えることはありません。でも、たとえばどちらかが仕事を辞めることになったとか、正社員からパートに切り替わったというような場合、家族の未来の生活費を貯めておく必要があるでしょう。残すお金は『家族愛』を伝えるための保険ともいえます」


お金の必要性を伝えたところで、次は「保険による保障」について伝えます。保険が、なぜ、どのようなときに必要なのかを理解してもらいます。

「保険には、生きているときの保障と亡くなったときの保障があります。生きているときの保障は、病気やケガをした際、入院代や手術代を支払ってくれるものなどです。亡くなったときの保障は自分が亡くなった際、遺された家族に支払われるものです。
そのほか、貯蓄型の保険もあります。貯蓄性の高い保険は、普通預金で貯めるよりもお金が増えるという保障です。どのシチュエーションで活用するかがポイントになってきます」

お客様の中には「保険に入っていると安心だから」とお守り感覚で保険に加入している方や、生命保険の必要性をしっかり認識していない方も多くいます。なかには、自動車保険を生命保険だと勘違いしている方や、「クレジットカードをつくったら、1年間無料の保険がついてきたから保険は大丈夫」と言う方もいます。

そのような方たちにも「どんなときに、どのように保険が必要になるか？」を、しっかり考えてもらえたら、と思っています。そのきっかけとして、次のような質問をしてみましょう。

「もし、自分が明日死ぬことがわかったら死亡保障にいくらかけますか？」

なぜ、このような質問をするのかというと、死亡保険は自分の命と引き換えに得られるものだからです。

「300万円」と答えた方は、自分の命の値段が300万円と考えているということです。

そこで、次にこのように聞いてみます。

「遺された家族は、300万円で十分な生活を送れるでしょうか？」

そのように伝えるとみなさん、しばらく考えますので、そのときに次のように伝えます。

「遺されるご家族には、せめて〇〇年分生活できるくらいの費用は遺してあげるとよいのではないでしょうか」

最初の段階で、生命保険の必要性について話ができると、その後もスムーズに進みます。

04

【導入トーク③】保険の仕組みは「相互扶助」

保険の必要性について話したら、次は保険の仕組みを伝えるのですが、その前に「保険のはじまり」についての話をします。

「保険の仕組みは『相互扶助』の考え方がもとになっています。『助け合いの精神』です。

かつて、世界では定期的に飢餓に襲われたり、ウイルスが流行ったりしては、人がバタバタと死んでいきました。親が亡くなり、育ててくれる人がいなくなった赤ちゃんや子どもたちは教会に預けられました。

牧師さんは、そのような子どもたちをいつでも助けられるようにと、あらかじめ毎月少

6

しずつお金を集めておこうと考えました。『誰かが困ったときに使えるお金を毎月少しずつ貯めておこう』。これが保険の仕組みのはじまりだといわれています。つまり、不幸になったら保険料は支払われるけれど、不幸がなかったら保険料は返ってこない、という仕組みです。不幸が訪れるかどうかはわかりませんが、もし不幸が起こったときにも困らないよう、『相互扶助の精神で保険を掛けましょう』というのが保険の意義なのです」

次に話をするのが、「生命保険会社がどのようにして成り立っているか」についてです。最初に、保険料が人によって異なる理由を話します。

「生命保険の被保険者には、元気な人のグループと持病を抱える人のグループがあります。元気な人のグループは入院する確率が低いので保険料が安いです。一方、持病を抱える人は入院する確率が高いので保険料が高いです。

もし、このグループ分けがなかったら、損する人が出てきますよね。損する人がいないよう、このような運営をしているのです」

続けて、「生命保険会社が何を収益にして成り立っているか」について話します。

「では、生命保険会社はどのようにして収益を上げているか知っていますか？　収益源は3つあります（図6-2）。

1つ目は『死差益』と呼ばれるものです。

5年に1回、厚生労働省は『年間に何人亡くなるか』という死亡予定数を算出して発表し、保険会社はその数値をもとに死亡予定の方に支払う予定の金額を割り出すのです。

ところが、死亡予定だと考えていた方が亡くならなかったら……生命保険会社は死亡保障として渡すべきお金を支払わないことになります。予定よりも多くの方が亡くなったら赤字ですが、予定よりも死者が少なかったらプラスになります。これが『死差益』なんです。

2つ目は、『利差益』と呼ばれるものです。

保険会社ではお客様からお預かりしたお金で国債や株を運用していきます。その運用がうまくいき、儲かったのが『利差益』です。利差益は、各保険会社の運用がうまいかど

図6−2　生命保険の3つの収益源

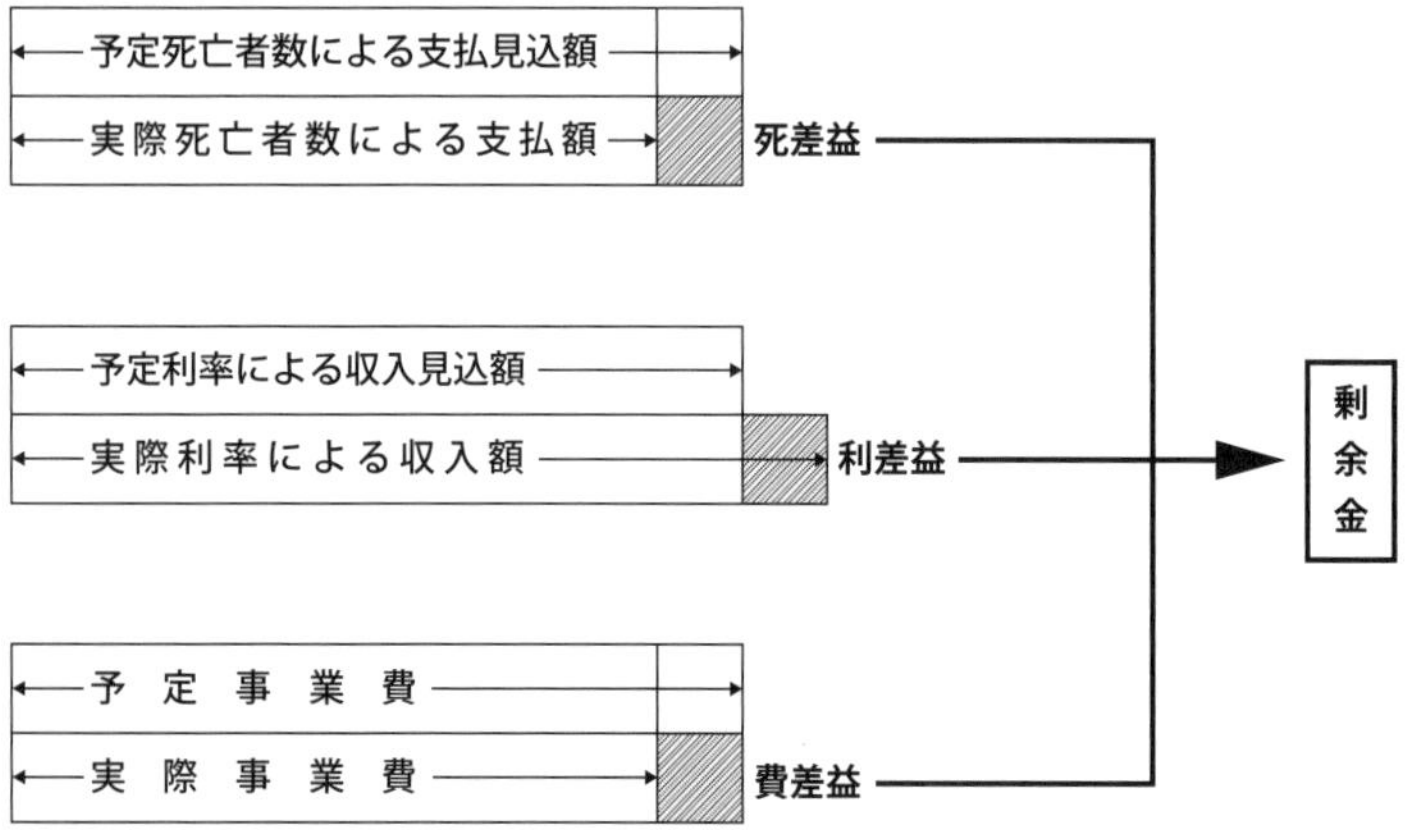

うかで差が出ます。

今、日本国内の金利は低いですよね。ですから、日本円を多く運用している保険会社は利差益が非常に低いです。一方、外貨建てなどで外国で運用すると、日本より海外のほうが金利が高いため一般的に利差益が多くなります。

3つ目は『費差益』と呼ばれるものです。これは会社の事業費が予想より低く抑えられた場合、節約できた分の利益です。よくあめやペン、カレンダーなどいろいろな販促物やノベルティが配られますよね。これらを数多く購入すると、その分の費用がかかります。

生命保険では『死差益』『利差益』『費差

益』の3つを、『三利源』と呼びます」

これらを話すことで、生命保険会社の違いなども少し理解していただけます。

05 【導入トーク④】保険の種類と特徴

ここからは、保険の種類とそれぞれの特徴について簡単に話します。図6-3のように、実際に**図をお客様の目の前で描きながら説明するとわかりやすい**でしょう。

詳細は、後述の商品トークの中で説明していきますので、ここではざっくりとしたイメージを頭に描いていただく程度にとどめます。

「それでは、ここから保険の種類についてお話ししますね。

保険には大きく分けて3つあります。その3つとは『医療保険』『定期保険』『終身保険』です。医療保険というのは、病気やケガなどで入院したり手術したりしたときに支払われる保険です。ほかの2つは死亡した際に遺族などが死亡保険金を受け取れる死亡保険で、掛け捨てですが保険期間を限定する分、保障額が大きい定期保険と、保険期間を限定しないで生涯にわたって保障を行う終身保険があります」

＊定期保険については本章第12節、終身保険については本章第13節で詳しくご説明します。

図6−3　定期保険、終身保険の違い

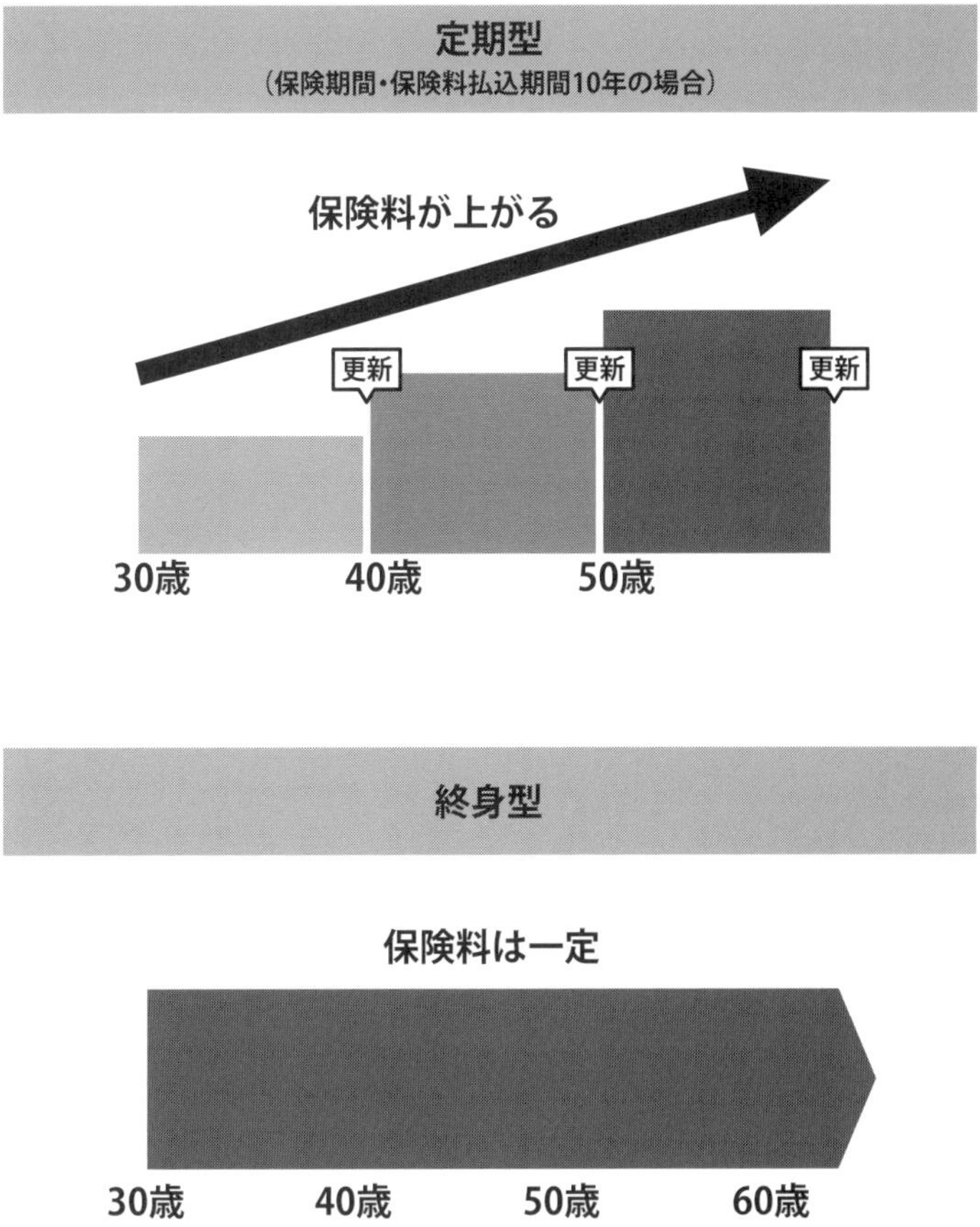

終身払い：保険料を一生涯払い続ける

短期払い：保険料の支払いが一定年齢や一定期間で終了

06

【導入トーク⑤】掛け捨て保険と積立保険の違い

ここからは、掛け捨て保険と積立保険の違いについて話をします。
まず、お客様に次のように聞いてみましょう。

「お持ちの商品は掛け捨て型ですか？　それとも、積立型ですか？」

多くの場合、「わからない」と答えるか「勘違い」をしています。本当は「掛け捨て型」の保険なのに、「貯蓄」していると思っている場合も多いですし、「積立型」の保険だと思っていたら実際には「掛け捨て型」だったという場合もよくあります。それを確認したうえで、このように伝えます。

「保険には掛け方が違う2つのタイプの商品があります。『掛け捨て型』と『積立型』です。
掛け捨て保険は、文字通り1円も戻ってこない、一方通行の保険です。一方、積立型の保険には『解約返戻金』があります。でも、今見ていただいたように、この2つ、わかりにくいですよね。掛け捨て型なのに、解約返戻金があることもあります」

というと、お客様は心配になって、ご自身が加入している商品が気になり出します。お客様には仕組みの話をしっかりと伝えることで、あらためてご自分の保険を見直すきっかけをつくります。

07

【導入トーク⑥】第3分野の拡大

保険商品の内容を確認する前に保険の種類に関する話で、「第3分野」についての説明をしましょう。次のように話を進めます。

「『第3分野』というのは、医療保険、がん保険など、入院や手術が必要になったときに使える保険のことです。ちなみに、第1分野は死亡保険、第2分野は火災保険や自動車保険など、損害保険が取り扱っているものです。

これまでは、保険商品は第1、第2分野のみで、第3分野がありませんでした。第1分野に『特約』として、第3分野の内容がおまけのようにセットされて販売されていたのです。今でも同じような商品もあります。

その特約部分だけを切り出して、一つの保険商品として新しくできたのが医療保険やがん保険です。そのグループを「第3分野」というのです」


そして、「業界裏話」として、こんな話もしましょう。


「第3分野の保険が広がってきたことで、これまでそれらをセットにして『抱き合わせ販売』してきた生命保険会社はやりにくくなったんです。お客様が欲しがる入院、手術分の保険だけ切り出して売り出されたからです。

今までうやむやになっていた特約部分の内容がクローズアップされて、他社の商品と内容を比較されるようになったのです。比べてみることで、第3分野の保険の保障条件のほうが断然良く、しかも、金額も安いことが一目でわかってしまったのです」

と、ここまで話をしたら、お客様には一度、保険証券の見直しをしていただきましょう。「死亡は死亡」「貯蓄は貯蓄」「入院は入院」と保障内容を分解し、保険がきちんとお客様の目的に合っているかをお客様と一緒にしっかり確認します。

お客様は保険の内訳を聞いているはずですが、月日が経つうちに忘れているからです。

「第3分野の保険が多く出てきたので、一度加入している保険を見直してみましょう。お客様の保険内容を確認させていただいてもよろしいですか？　保険証券を見せていただけますか？」

と言います。もしくは、お客様のほうから、「自分の保険内容を見てくれますか？」と聞いてくる場合もあります。

保険証券を確認したら、次のように保険内容をお客様に伝えましょう。

「お客様が加入している商品は、月2万円掛けているうちの貯蓄部分は月5００円ですね。残りの1万95００円は掛け捨ての商品です」

先にも話したように、お客様は掛け捨て型を積立型と勘違いしていることも多いです。月2万円を払っているのだったら、今までに何百万円にもなっているはずだと考え、期待している場合もあります。でも、実際には、積立部分は月5００円ですから、配当が何百万円にもなっているわけはないですよね。

そこで、次のように続けます。

「『餅は餅屋』ということわざがありますが、保険会社にはそれぞれ得意な分野があります。医療保険が得意な保険会社、資産運用が得意な保険会社があるのです。どれもすべて日本一の実績という保険会社はないのです。用途に合わせて、保険会社や保険商品を選ぶといいですよ。それをこれから私と一緒に見ていきましょう」

お客様の心理としては、今自分が加入している保険が本当に問題ないのか？　自分の理想通りの内容なのか？　少し心配になってきているはずです。こうなれば、きっと次のステップにも進みやすくなるでしょう。

08

【導入トーク⑦】死亡保障から生存保障へと変化する生命保険

お客様が現在加入している保険の内容を確認したら、生きている間にもらえる保険が最近は充実してきていることを伝えます。

「最近は、平均寿命が延びていることもあって、死んだらもらえる生命保険だけではなく、生きている間にもらえる生存保障の商品に変わってきているんですよ。
日本では、『老後』という先の見えない未来のために貯金する方が多いんですよね。

6

『アリとキリギリス』や『ウサギとカメ』の話をご存じですよね。勤勉な人が最後は得をするお話です。歩みは遅くても一歩一歩休まず進めば、最後には勝つ、というような教えですね。その教訓をしっかりと受け止めて、コツコツと一生懸命貯金を続ける方がとても多いのが日本なんです。

でも、今の時代、コツコツ貯金をするのは、実は日本くらいのものなんですよ。外国では、貯金という発想はありません。どんな発想だかわかりますか？

『投資しよう』なんです。『貯金している』と言ったらびっくりされるほどなんですよ。某大手外資生命保険会社は世界で営業していますが、生命保険に加入している人たちの払込保険料総額はアメリカが50％、日本が25％。それ以外の国は、香港、ヨーロッパ、インドなど全部含めて25％なんです。

世界から見ると、いかに日本がお金を貯蓄しているか、わかりますよね」

このように伝えたあと、今のおすすめ商品を伝えます。

「保険はインフレに弱い商品なんですよ。それはどういう意味かというと、どんどん物の値段が上がっている、つまりお金の価値が下がっているんですね。日本は30年間デフレなので30年前の1000万円と今の1000万円の価値がほぼ変わりませんが、アメリカの場合、30年前の1000万円は、今3分の1くらいの価値になっているんです。そこでおすすめしているのがインフレに強い変額保険です。死亡保障は約束されていて、満期金の額は運用次第で変わります。大きく増えることもあります。

そのほかのおすすめは、ドル建てで払込期間10年程度の終身保険です。10年間支払ったら払込は終わりです。あとはほったらかしで大丈夫です。ドルベースで、解約返戻金が毎年プラスアルファになって、ずっと増えていきます。

死亡した場合は、年齢にもよりますが、10年払込総額の2倍~3倍の死亡保障があります。払込が終わったあともドルベースでどんどん解約返戻金が増えていきますし、死亡した場合も得ですし、やってみたらどうですか？

払込期間は最短、10年がいいですよ。そして保障は一生続きますよ」

このように言って締めくくります。

09 【導入トーク⑧】外貨建て終身保険の仕組み

次に、外貨建て終身保険の話をします。というのも、今、比較的おすすめの商品だからです。

次のように話を進めましょう。

「次に外貨建て終身保険の話をしますね。外貨建て終身保険というのは、アメリカの米ドルやオーストラリアの豪ドルなどで積み立てる貯蓄型終身保険のことです。外貨建て終身保険に掛け捨てはないのです。

外貨建て終身保険は、為替の変動によって受け取る金額が変わってきます。円高のときに支払って、円安のときに解約するのが一番得です。でも、亡くなる時期は選べませんよね（笑）。

今は円安だといわれていますが、かつては固定相場制の1ドル360円からスタートして円高が進んでいきました。一時期は超円高で1ドルが80円を切ったこともあります。

今は1ドルが150円くらいです。80円の頃に比べたら円安ですが、360円の頃のことを考えたら円高ですよね。

外貨建て終身保険の中でも、特に『10年払いの一生保障』というような外貨建ての終身保険がいいでしょう」


と、ここまで商品の話をしたあと、外貨建ての保険商品と円建ての保険商品の比較をするために、次のような実例を挙げ、お客様にも質問しながら話をします。


「この前はお子さん3人に500万円ずつ渡せるよう、死亡保険金1500万円の円建て保険に入りたい、という方がいらっしゃったんですよ。

円建ての終身保険の場合、いくら払えば1500万円になると思いますか？

死亡保険金1500万円の円建て保険に必要な金額は……1500万円前後です。

では、これが外貨建て保険の場合はどうでしょう？

（少し間を置く）

外貨建て保険の場合には、約5万ドル、日本円に換算すると、1ドル150円で計算して、約750万円を預けると、亡くなった場合にはドル建てで1人約3万ドルずつ、合計10万ドルを受け取ることができるのです。約3万ドルということは、今が1ドル約【150円】ですから、1人当たり【約500万円】になる計算です。1500万円前後預けて1500万円受け取るのと、約750万円預けて1500万円受け取るのだったら、どちらがいいですか？残った750万円で旅行もできて、買い物にも行けて、おいしいものも食べられますね。お子さんに残してさらに、自分の自由なお金まで手にできるんです」

と、この話を聞いて、「メリットが大きいわね」と言って、この保険商品を契約された方もいらっしゃいます。でも、「ドル建てが怖い」と円建て終身保険にこだわっている方もいらっしゃいます。

このように、具体的なメリットを紹介しながら、「最終的に選んでも断ってもかまいませんよ」ということを伝えます。

最後に、追加でさらに保険に入りたいという場合について、少し話をします。

「一度、加入してよかったな、と思い、まだお金に余裕があるので『もう少し追加したいな』と思ったときには、10年払いの契約の場合、5年～8年目くらいのタイミングで新たに追加加入を検討される方が多いです。無理なく払えることがわかってから追加加入されたり、ご自身のタイミングで、無理なくスタートできる方法です」

10 【商品トーク①】病気に備える「医療保険」

ここまで、「導入トーク」として、保険の大枠についての話をしてきました。

ここからは、商品1つひとつについての説明の仕方を紹介していきます。まずは、医療保険についてです。というのも、約8割の方が医療保険に興味があるからです。

そこで、お客様の関心が一番高い入院や手術の話を最初に持ってくることが大切です。がん保険などを説明する前に、医療保険を基本から仕組みまでわかりやすく説明するのがポイントです。割合としては、**全トークのうち5割をこの医療保険に使って、仕組みを十分に理解していただきます。**

「お客様はどのようなときに、どのような保障があったらいいと思っていますか？多くの方は、病気になったときが心配だとおっしゃいます。入院したり、手術したりするときの費用が心配になりますよね。割合にすると、約8割くらいの方がそのように思っています。
病気やケガでも、がんでも入院したら1日いくらという形でもらえるのと、手術や放射線治療を受けたら1回いくらかもらえるのが医療保険です」

ここで一つ、気をつけてほしい点があります。それは、いきなり「医療保険とは」と切り出さないことです。「医療保険」という言葉に拒絶反応を示すお客様も数多くいるからです。耳慣れない言葉だから、「え、わからない……！」と身構え、その先の話が耳に入らなくなってしまうのです。ですから、よりわかりやすい言葉、具体的な言葉を使いましょう。先のような何気ない言い方が、一番お客様に理解していただけます。

実際、世の中の生保営業の9割くらいの人が「医療保険は……」と説明しているので、その違いはより際立つはずです。

それから、もう一つやってほしいことがあります。それは、**お客様がどのような表情で**

聞いているかといった、反応をしっかりと確認することです。お客様がどのくらい理解しているか、興味を持っているかは、表情や仕草などを見ればすぐにわかるからです。

ここまでできたら、次は医療保険の種類の変化について話をしましょう。

「この医療保険なんですけどね、昭和から令和までの間に4回、大きな変化があったんですよ。

昭和の時代には、20日間入院しないと入院保険金がもらえませんでした。1回目の変化は平成に入ってからです。入院5日目から1日と数えられるようになりました。つまり、入院しても4日間はもらえず、5日目にはじめてもらえるようになったのです。

その次に、1日入院したら1日分もらえるようになりました。

最近は、1日入院しただけで5日分または10日分もらえるようになりました。実際には1日しか入院していなくても、5日分、10日分が支給されるように変わってきたのです。

その理由は、医療保険の保障が医療の進歩と深く連動しているからです。

20日入院しないと入院給付金がおりなかった時代の医療は、たとえばお腹を切る手術の場合、糸で縫って、ガーゼで押さえ、切り口が自然治癒するのを待って、しばらくしたら抜糸してまた様子を見るというやり方が主流でした。全部治ってから退院するのが通常だったため、最低でも2週間くらいの入院が必要だったのです。

ですが、今の医療は大きく変わってきていて、入院日数も減る傾向にあります。それは患部を切ったら、自然に溶ける糸を使ったり傷口にシールのようなものを貼ったりするようになり、抜糸する必要がない場合も多いからです。また、お腹をほんのちょっと切って内視鏡を挿入する腹腔鏡手術も増えているので、傷が残りにくくなっていることもあります。

このように、昔と比べて今は入院日数が劇的に短くなっているのです。また、白内障や痔の手術などの場合は日帰り入院もあります。入院5日目から保険料がおりる商品に加入していたら、4日までで退院したり、日帰り入院だったりした場合は保険料がおりないですよね。

ですが、保険商品を見せていただくと、いまだに入院5日目から保険料が支払われる古い保険に入り続けている方もいらっしゃいます。保険は契約したときの条件がそのまま契約期間満了まで約束されたものなので、せっかく保険に加入していても、給付金が受け取れない場合も多いのです。私たちはそれを確認する役目もあるんですよ。

とはいっても、新商品が必ずしも一番いいというわけでもありませんし、新商品に乗り換えればいいというものでもありません。新しい商品といっても、実際には大枠は変わっていなくて、「特約」部分のみ変わっている場合が多いからです」

このように、保険商品の変化を話すことで、お客様に「自分の商品はどうかな?」と意識を向けてもらうようにします。

そのあとに、医療保険を選ぶ基準について、具体的に話していきましょう。

「では、これから医療保険を選ぶ場合の目安をお話ししますね。
基本は終身タイプを選びます。1回入ったら保険料が途中で上がらない保険です。有期型といって、60歳や65歳まで支払ったら掛け金が終わって一生保障があるもの、保障の上げ下げがないタイプを選びましょう。そういうタイプを選んでおけば、60歳でたとえ退職して年金生活になっても、保険料を払わなくていいので、お客様の負担は減ります」

そのあと、医療保険の支給対象になるもの、対象外のものを具体的に伝えます。

「医療保険といっても、支給対象外の手術もあります。たとえば、鼻を高くする、目をぱっちりさせるなどの美容整形や、できものがあって膿だけ出す、転んで頭を切って3針縫う、骨折して添え木をするなど、『処置』をした場合には手術保険金は支給されないことが多いです。詳しいことは、保険商品の『約款』をお読みください。白内障や盲腸、胃潰瘍、大腸ポリープは簡単な手術ですがすべて該当するので、保険金は支給されます」

このように具体的に医療保険の仕組みを話し、持っていてもいざというときに使えない場合もあるので、今もし加入している医療保険があったらしっかり確かめたほうがよいですよ、という話をします。

正直に正確に伝えることがポイントです。

11 【商品トーク②】がん治療に備える「がん保険」

医療保険の話をしたら、次は「がん保険」についての説明をしましょう。というのも、医療保険とがん保険はどちらもお客様の関心が高い商品だからです。そして、医療保険とがん保険の違いは少しわかりにくいところでもあります。

がんはいまや2人に1人がかかるともいわれている、身近な病気です。そこで、まず先ほど話した医療保険とがん保険の違いから話をはじめます。

「先ほど医療保険についてお話ししましたが、医療保険はがんで入院した場合にも入院給付金は支給されるんです。ですが、がんで入院した場合、医療保険から支払われるのは入院給付金・手術給付金などです（図6-4）。

がんは、通院して抗がん剤の点滴を打つこともありますよね。特約をつけていない限り、医療保険では通院給付金やがん診断給付金などが支給されない場合があります。

医療保険に特約でがん保険をつけることもできますが、がん保険を単体で加入する場合

6

と比較してみると、条件は格段に違います。特約をつけるより、がん保険に別途加入したほうがいいように思います」

このように、がん保険の必要性を話したら、次にがんの治療についての話に軽く触れます。

「ところで、がんの治療にもいろいろな方法があります。ホルモン治療や抗がん剤を打つ治療、放射線を当てる治療などです。がんは0期から4期までステージがあって、0期、1期など初期の段階なら手術して取る、様子を見る、放射線を当てるなど、比較的簡単で体の負担が少ない治療があります。リンパ節にがんが流れ込むと転移することも多いので、その場合には抗がん剤を打ち続けることになり、治療期間は長くなります。その場合、個人差はありますが2年以上かかることもあります。

抗がん剤にも、保険が適用されるものと適用されないものなど、いろいろあります。保険が利かないものだと1回50万円から、高いものだと300万円ほどかかるものもあります。保険が利くものでも50万円の3割負担で1回15万円。高額療養費制度を使っても、

図6−4　がん保険の仕組み

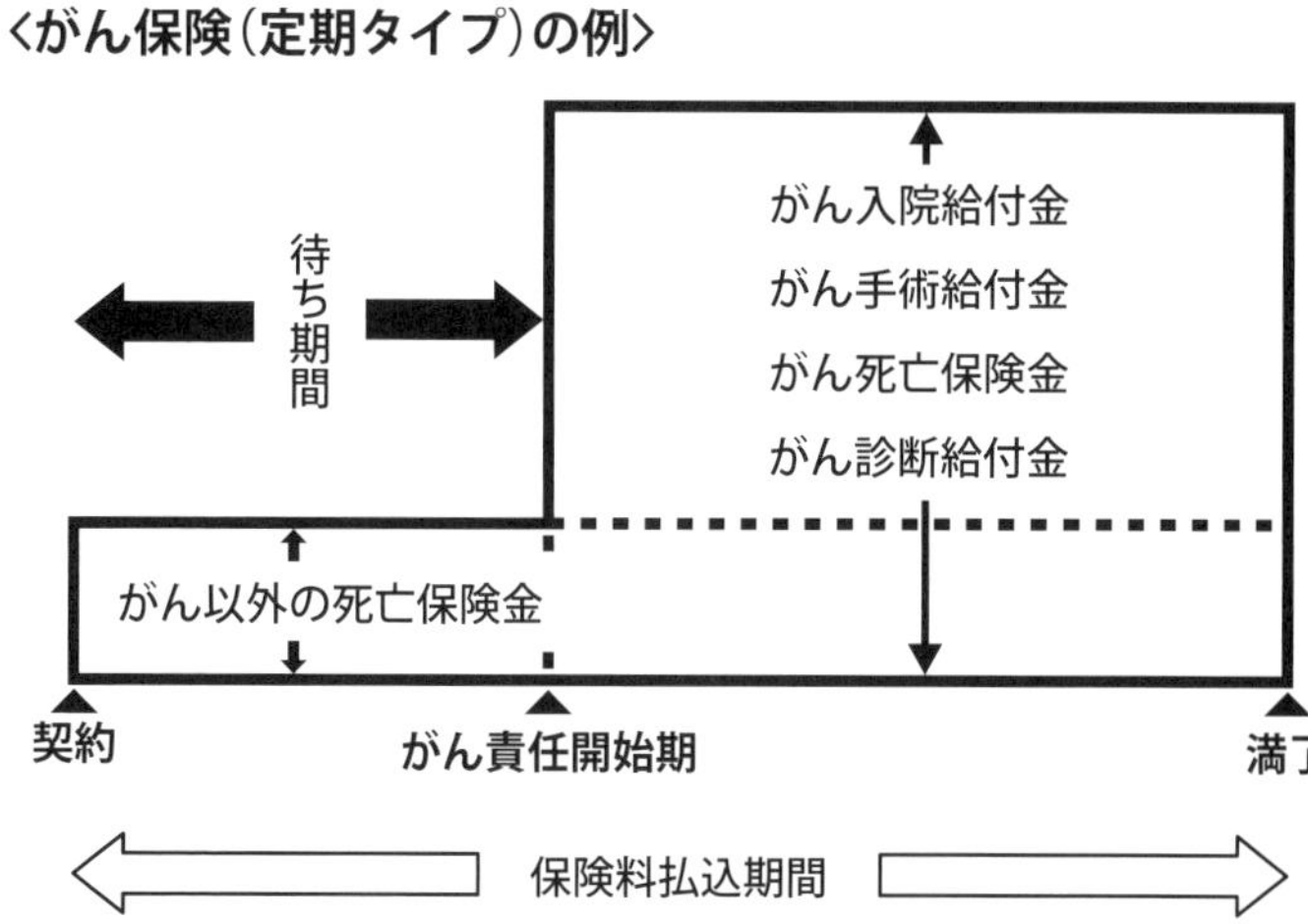

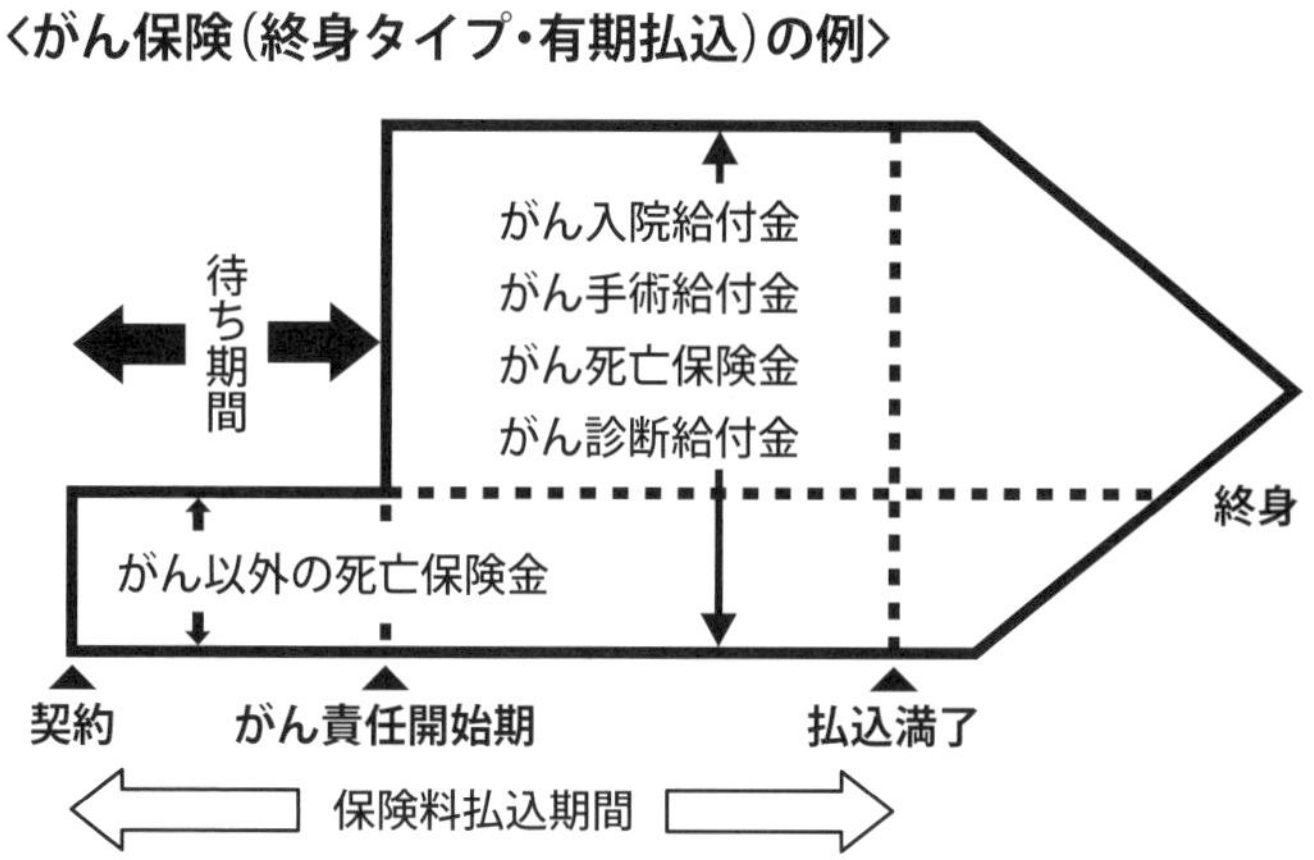

月6万円以上は支払うことになります。
抗がん剤を使った場合は、1、2カ月様子を見てから血液検査をし、がんの数値を確認します。全然効かなかった場合は別の薬を使って、また様子を見ます。このように続けていくと、医療費は最低でも1年間で100万円くらいにはなります。2年目、3年目に突入したら、さらに費用はかかります。それらを補ってくれるのが、がん保険です」

がん保険の概要について話をしたら、次はがん保険の商品について具体的に説明しましょう。

「保険会社によって、微妙に保障内容や保険料が違いますが、ポイントは『何度も支給される保険』を選ぶことです。商品によっては、1回しかもらえない商品もあるのです。もし1回しか保険がおりなかったら、その後別のがんにかかったり、再発したりした場合に困りますよね。
悪性がんになったら100万円。上皮内がん10万円。がんになった場合に1回限りでもらえる商品より、がんになったら100万円、1年後にがんの治療が継続していても1

年に1回、何度でも100万円をもらえる内容の商品を選びましょう。がんは今や2人に1人はかかるといわれる病気です。生涯払込の場合の保険料総額のシミュレーションをしても損はないでしょう。また、医療保険とがん保険はセットで加入しておいたほうがいいです」

このような流れで伝え、医療保険とがん保険をセットで考えることで万全の体制が取れることをわかっていただきましょう。

12

【商品トーク③】掛け捨てでも保障額が大きい「定期保険」

医療保険とがん保険をセットで話したら、次は「定期保険」です。

定期保険は次のように切り出します。

「亡くなったときに死亡保険金が受け取れる保険商品を『死亡保険』といいます。

6

図6-5　定期保険のイメージ

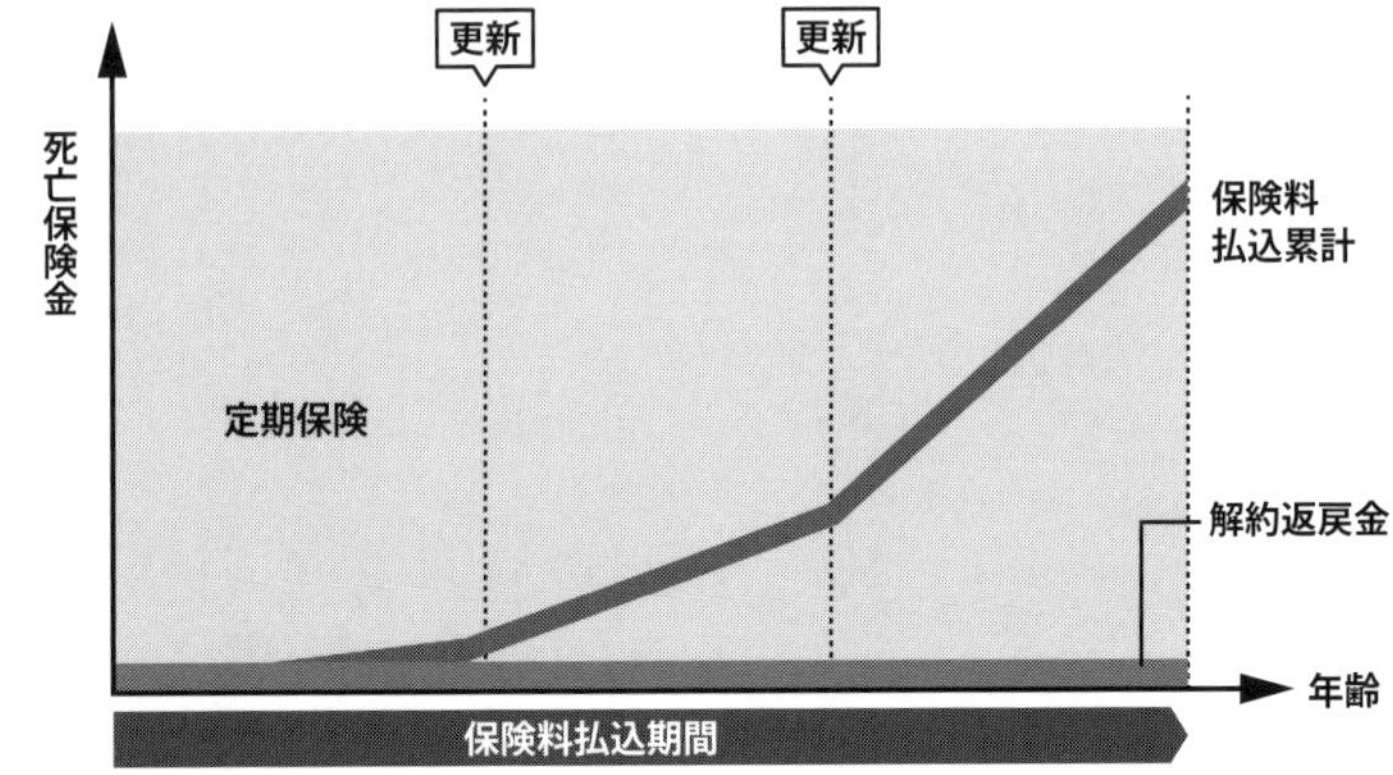

死亡保険にもいろいろな種類があって、そのうちの一つが**『定期保険』**と呼ばれるものです。掛け捨ての商品が多いのですが、**掛け金が安く、亡くなったときの死亡保険金が大きい保険**です（図6－5）。

たとえば20歳の方の場合、90歳まで2000万円が保障される保険なら、男性で月払い約1000円、女性で月払い約700円で加入できます。

20歳から90歳までの70年間、毎月支払った場合、30歳で亡くなっても、60歳で亡くなっても、80歳で亡くなっても保険金は一律2000万円です」

大概の方はこれを聞くと「安い！」と言

います。

次に、お客様が長生き家系かどうかを聞いてみます。

「ところで、おじいさんとおばあさんはおいくつぐらいですか？」
「ひいおじいちゃんやひいおばあちゃんはいらっしゃいますか？」

そして、次のように続け、定期保険をよりリアルに感じてもらいます。

「日本の平均寿命から考えると、男性の場合、90歳過ぎまで生きていらっしゃるのは10人に1人くらい、女性の場合は10人に4人ぐらいです。だから、多くの人にとって定期保険はお得ですよね。

ちなみに、勘違いしがちですが、平均寿命というのは今、生まれた赤ちゃんが何歳まで生きるかを示したものです。今、目の前にいる40代、50代の人たちが90歳まで生きるというわけではありません。おじいちゃん世代の平均寿命は70代くらいだと思います」

6

最後に次のように締めくくり、定期保険の必要性を伝えます。

「一生涯、豊かな暮らし、余裕のある人生を送っていくために最低限備えておく必要があるのは、先ほどお話しした入院などの医療保険、がん保険、そしてお葬式代としての定期保険の3つです。年齢にもよりますが、この3つを全部出しても、若い方でしたら掛け金が5000円ほどです。40代の方でも月1万円もしないくらいです」

こうして、月々の負担がそれほど大きくないこともあわせて伝えましょう。

13 【商品トーク④】老後の保障に優れた「終身保険」

医療保険、がん保険、そして亡くなった際の葬儀費用に充てたい定期保険の説明のあとは、老後の保障に優れた終身保険の話です。

図6−6　終身保険のイメージ

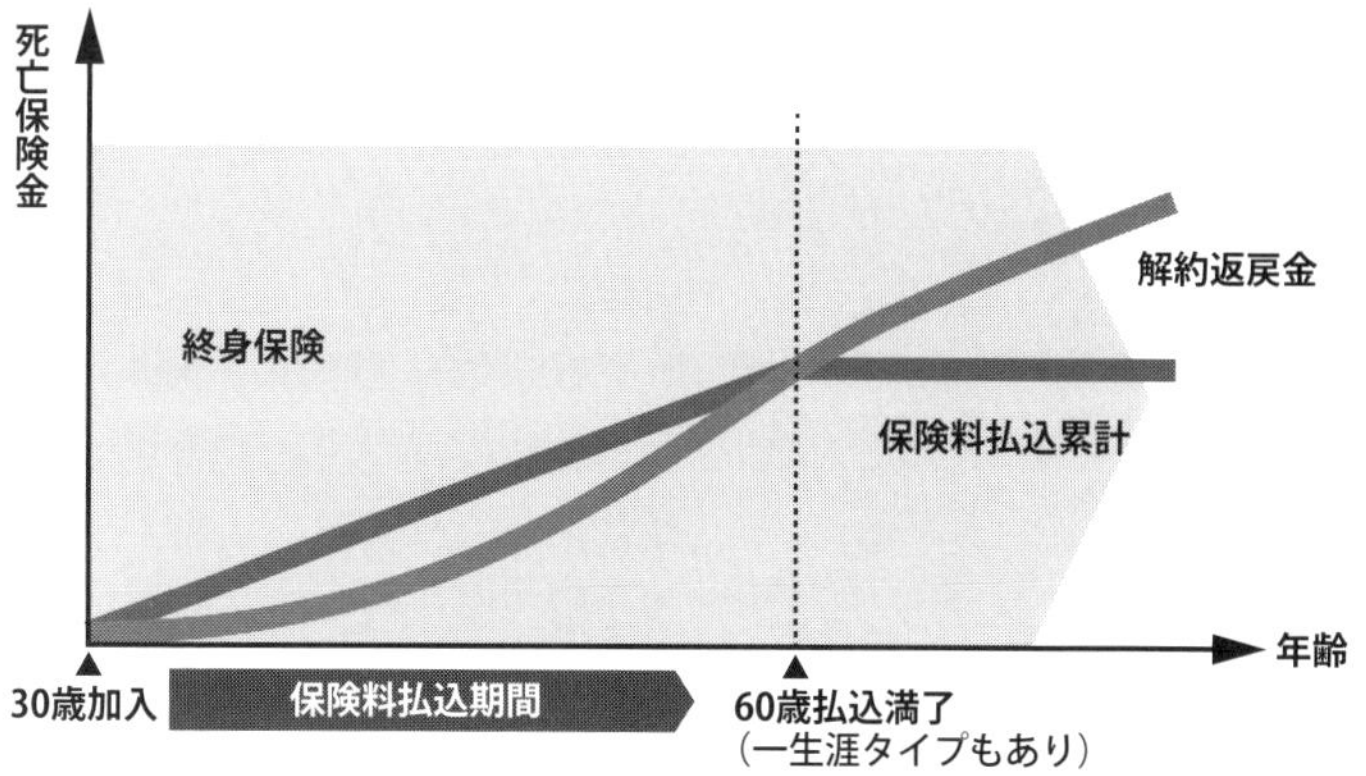

「終身保険は、死亡した際に遺族などが死亡保険金を受け取れる保険です（図6−6）。

終身保険で一番賢い入り方は、一括もしくは10年間以内のできるだけ短期で支払い、あとはほったらかしというパターンです。

終身保険は、次の2つの条件をクリアしている保険を選びましょう。

1つ目は、亡くなった場合には遺族にきちんとした保険金が支払われるもの。

2つ目は、もし将来お金が必要で解約しなければならない場合でも、自分が支払った保険料以上に戻ってくる保険です。

終身保険選びは、できるだけ保険料支払い期間が短いもので、一生涯保障が続き、亡くなっても得、解約しても得という商品を選ぶことです」

次に、終身保険の商品には円建てとドル建てがあり、その違いについて話します。

「終身保険にも円建てとドル建てがあります。運用しているのが日本円かドルかの違いです。現在、円建てははっきり言って予定利率が低いです。たとえば、年齢にもよりますが、円建て保険で500万円をもらうためには、500万円弱か場合によっては500万円以上払う必要がある商品もあります。

一方、ドル建ては同じような商品がその半分の250万円程度の支払いになります。また、自分が預けたお金が亡くなったあとに2倍になるなんて、ありえないですよね。でも、そういう商品が実はあるんですよ。やっぱりそういうのを選んで賢く入ったほうがいいですよね」

このように、終身保険は「万が一の死亡時も払込終了後の解約時も、資金を有意義に使えます」といった説明をするとよいでしょう。

14

【商品トーク⑤】貯蓄性が高い「養老保険」

前節の終身保険までは絶対に説明すべき商品ですが、ここからの保険は時間とお客様の様子を見ながら話をしましょう。

次は、貯蓄性の高い養老保険についての説明をします。

「先ほどお話しした終身保険と同じ貯蓄型の養老保険という商品もあります。

終身保険と養老保険の違いは『期日』です。

終身保険の場合は、払込満了後、一生涯保障が続くのに対し、養老保険は満期の期日があって、そこで必ず満期保険金を受け取る必要があります（図6-7）。

ここで重要なのは、養老保険は加入した時期の予定利率がそのまま適用されるので、予定利率が高いときに契約するとお得ですが、逆に予定利率が低いときに加入すると、市場の金利が高くなっても低い状態が続くので損になるという点です。

養老保険の使い方としては、子どもの入学など、期日がわかっていて、まとまったお金

6

図6−7　養老保険の仕組み

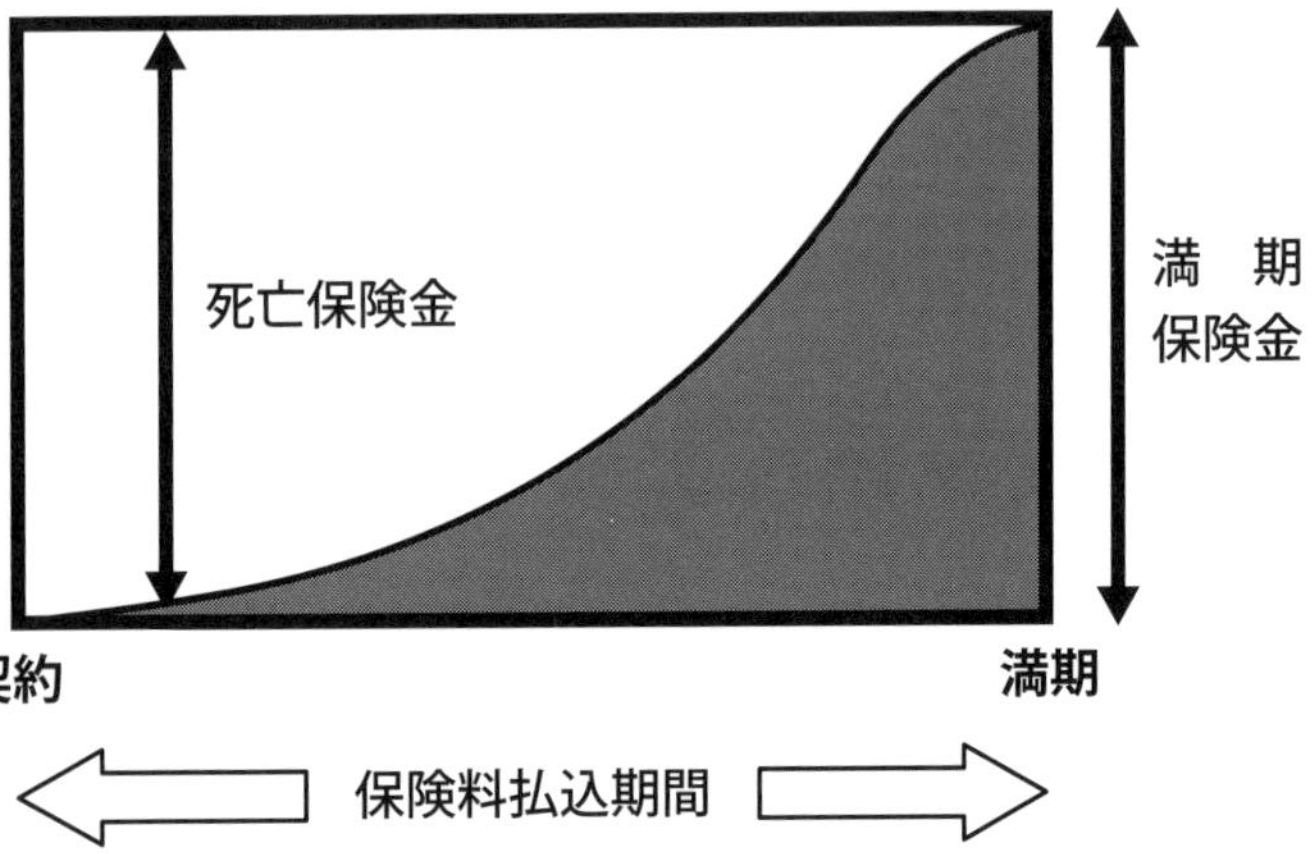

が必要な目的のための貯蓄として使われることが多いです。

とはいっても、今の時代、予定利率が低い養老保険に加入する方はほとんどいらっしゃいません。超高金利だった昭和や平成のバブル期と呼ばれた時代によく売れた商品です。

養老保険にも円建てとドル建てがあります。円建てはさらにおすすめしません。この30年間、日本は超低金利が続いているからです。毎月1万円を10年間、合計120万円支払っても、満期には100万円になっている、つまり損してしまう商品も多いです。せっかく貯めても20万円も損してしまうのはもったいないですよね。
ドル建てだと、為替の具合によって払込金額が変わってきますが、自分が支払う保険料より満期保険金のほうが大きくなるケースが多いです」

今は超低金利が続いていることから、お客様にとってさほどお得な商品ではないので、もし話す機会があったとしても、今後、金利が高くなったときのためにというつもりでさらりと話す程度でよいでしょう。

15

【商品トーク⑥】公的年金にプラスで安心「個人年金保険」

次に話すのは、「個人年金保険」です。お客様には、保険商品にも「年金保険」と呼ばれるものがあること、公的年金とは異なるものであることを話します。この商品も今のご時世ではお客様にとって、さほどお得ともいえないものが多いので、さらりと話す程度でよいでしょう。

6

図6−8　個人年金保険の仕組み

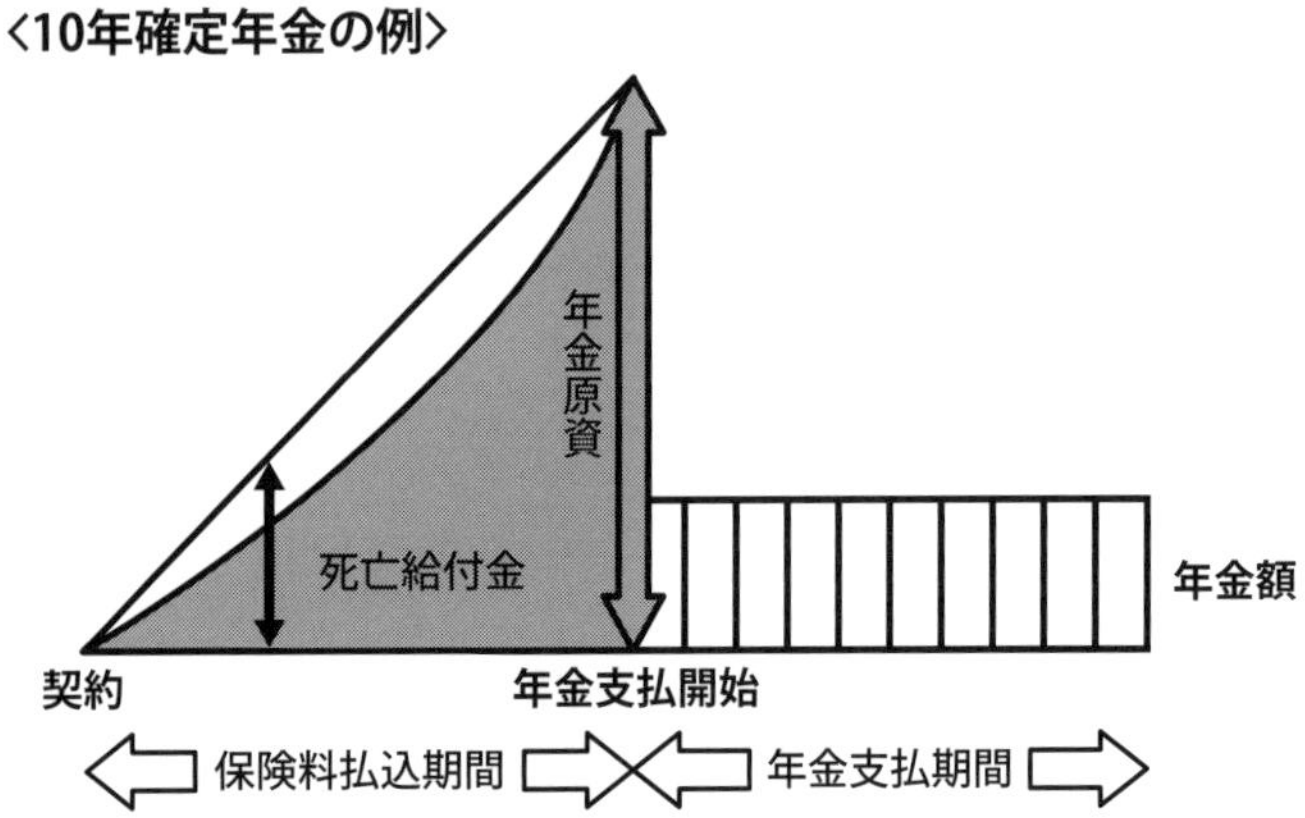

＊「10年確定年金」とは10年間にわたって確実に受け取れる年金。

「個人年金保険（図6−8）は、リタイア後に公的年金だけでは豊かな老後生活を送るのには不十分なので、それにプラスする形で、自分が蓄えてきたものを分割でもらうという目的の保険です。『年金』という名前ですが、実際には自分が預けたお金を分割してもらうだけの商品です。支払い途中で亡くなった場合には、元本は返ってきます。今は低金利のこともあって、ほとんど増えることはありません。実際、このタイプの商品を選ばれる方はほぼいらっしゃいませんし、特におすすめもしません」

一般的な生保営業がすすめている場合も

あるので、その理由について話すのもよいでしょう。

「一般的な生保営業のセールストークとして『個人年金保険は年末調整や確定申告に使えます』と言われることがあります。生命保険料控除が使えるからです。

サラリーマンの場合は年末調整、自営業や個人事業主の場合は確定申告の際に生命保険料控除の対象となります。

ところで、生命保険料控除には3種類あります。それぞれ8万円以上支払っていたら4万円分の所得税が控除されます。医療保険とがん保険で1つ、死亡保険で1つ、年金保険で1つ。合計12万円控除されます。年間の保険料が8万円あったら、そのうちの4万円まで控除されます（図6-9）。でも、所得税を10％として考えても、4000円の所得税が還付されるだけです。

しかもこの年金保険には、大きな落とし穴があります。

この生命保険控除が「年金保険」枠として適用されるのは、10年以上支払い、かつ60歳以上で10年以上もらう商品です。たとえば、55歳の人が5年間払って、60歳から5年間もらう場合には年金保険の控除対象にはなりません（一般区分としては控除対象となります）」

図6−9　生命保険料控除について

最高12万円

新契約		旧契約
新生命保険料控除 （最高４万円） （遺族保障等）	＋	旧生命保険料控除 （最高５万円） （遺族保障、介護保障、医療保障等）

［新契約と旧契約の双方に加入している場合※］

介護医療保険料控除
（最高４万円）
（介護保障、医療保障）

新個人年金保険料控除 （最高４万円） （老後保障）	＋	旧個人年金保険料控除 （最高５万円） （老後保障）

［新契約と旧契約の双方に加入している場合※］

※新契約と旧契約の双方に加入している場合は、
旧契約の支払保険料等の金額によって控除額の計算方法が変わります。

・旧契約の保険料が６万円超の場合
旧契約の支払保険料等の金額に基づいて計算した控除額（最高５万円）

・旧契約の保険料が６万円以下の場合
新契約の支払保険料等の金額に基づいて計算した控除額と旧契約の支払保険料等の金額に基づいて計算した控除額の合計額（最高４万円）

このように一部、税法にも対応しているので、勉強しておくとよいでしょう。

16 【商品トーク⑦】運用でリターンを狙う「変額保険」

次は、今後のトレンドになるかもしれない「変額保険」について、話をしていきましょう。

「これからの時代に即した、株のように受け取り金額が上下する保険もあります。それが、『変額保険』です。変額保険も先ほど話した養老保険と同じく『期日』があるものが多くあります。加入時に10年、15年などの期間、もしくは60歳や80歳などの区切りの良い年齢に満期期日を設定し、期日がくると満期保険金として受け取る仕組みです（図6-10）。満期金額は約束されていませんが、『死亡保障』は満期日まで保障されています。

この変額保険では、保険会社が契約者からお預かりした保険料を運用します。利益が上がれば解約返戻金や満期保険金は多くなりますが、金利が下がり、経済が停滞して運用

図6−10　変額保険の仕組み

（満期時に満期保険金が基本保険金を上回った場合）

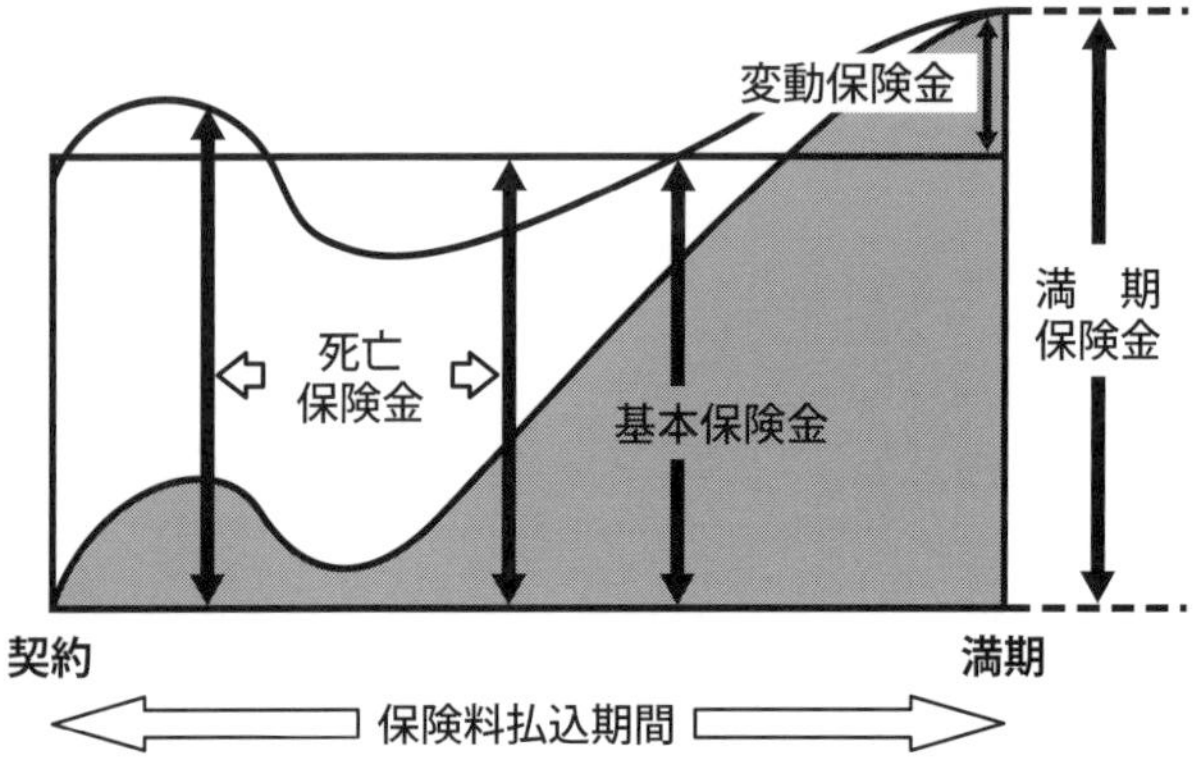

（満期時に満期保険金が基本保険金を下回った場合）

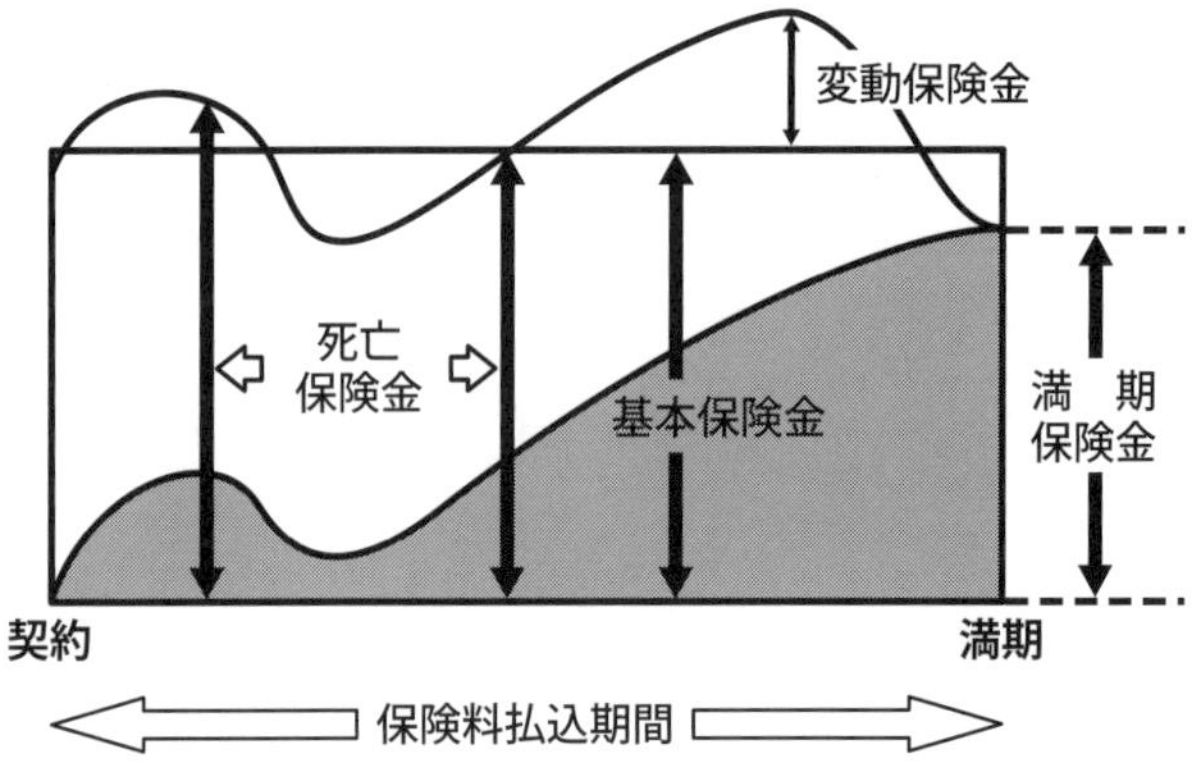

がうまくいっていない場合には少なくなります。このように、少し注意が必要な自己責任の生命保険ではあります。

以前は規制が厳しかったので日本株を運用し、元本割れすることが多かったのですが、最近は世界株を運用し、高金利で運用できるようになりました。世界の市場は30年間で2、3倍に成長しているので期待の持てる保険で、長期的な目で見ると心強い保険といえます。

運用先も、日経225から、世界マーケット、アメリカの主要株だけ選択するなど、お客様自身で幅広く選択することができます。

この変額保険は、時代に即した商品として、今後トレンドになっていくと思います」

グローバルな視点で保険商品を選ぶ時代がやって来たので固定観念にとらわれることなくしっかりと勉強していきましょう。

6

17 【商品トーク⑧】公的介護保障にプラス「介護保険」

公的な介護保険とは別に、生命保険会社が販売する任意加入の私的な介護保険があります。同じ名称のため混同しがちなので、その違いとともに、私的な介護保険がどのようなものなのかを話していきましょう。

『介護保険』と聞くと、公的な介護保障が優遇されるようなイメージがしますよね。ですが、実際には公的な介護保険と私的な介護保険はまったく別ものです。

公的な介護保険は、お金をもらえるわけではありません。『サービス』を受けられる制度です。要支援1と2、要介護1から5までのいずれかの認定を受けることで、利用できるサービスの種類や上限の金額が変わってきます。

一方、私的な介護保険は、要介護1や要介護2になったら保険金がもらえるという商品です（図6-11）。

一般の生保営業は、この私的な介護保険のことを『**生きている間にもらえる保険ができ**

図6−11　介護保険の仕組み

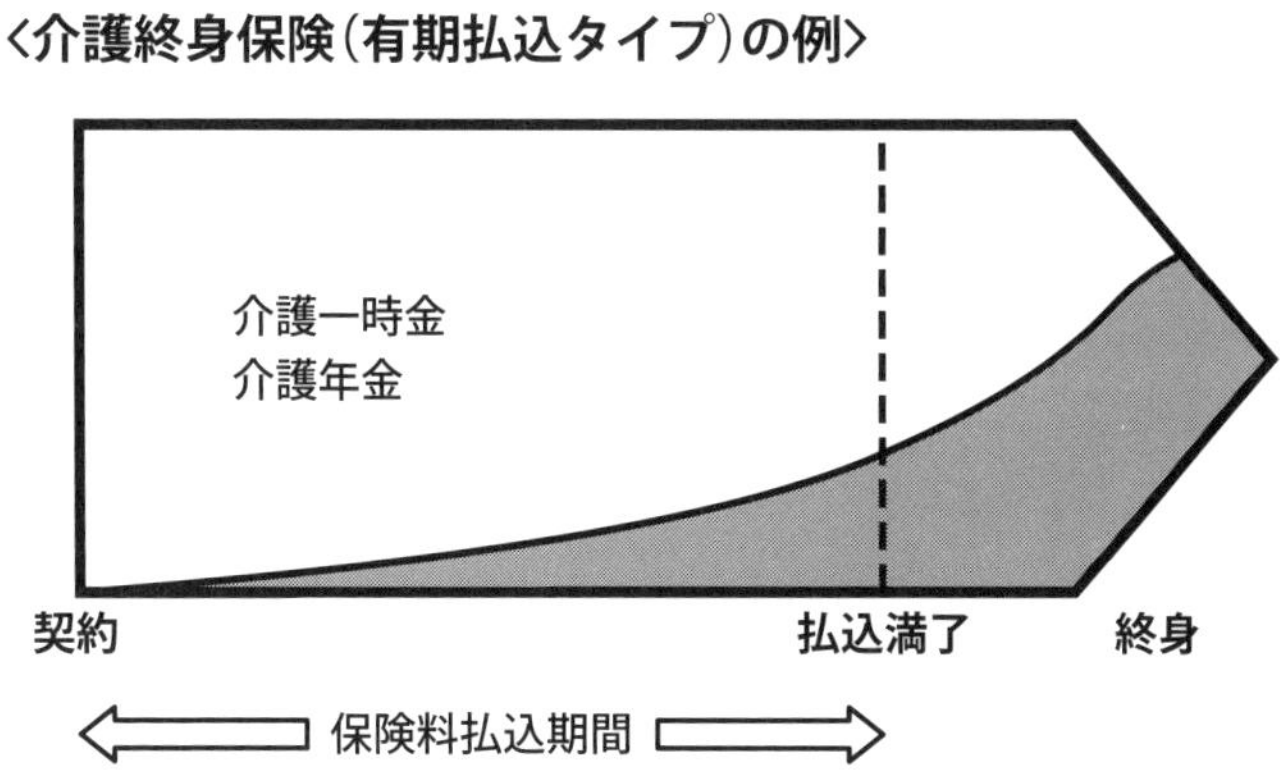

ました』と言うことがあります。今までは要介護2にならないともらえない商品がほとんどでしたが、最近は要介護1でももらえるものが出てきました。でも、実際には大きな落とし穴があります。

この介護保険は、実際に介護が必要になり、要介護認定されたことがわかる診断書などを保険会社に提出しないと保険金を受け取ることができません。要介護に認定されるまでにはとても時間がかかります。半年はゆうにかかるでしょう。保険金を受け取るまでに時間がかかるので、ほかの保険商品に比べて保険金を受け取るハードルが高い商品なのです。

「このような理由からも、保険加入の優先順位は低いかもしれません」

介護保険に興味を示した方には、このように伝えましょう。

18

最後はお客様に選んでいただく

ここまで、保険の種類について説明してきました。
お客様にわかっていただいたら、次のステップです。

「お客様が入っているA社、B社、C社の医療保険はこのような感じです」

と言って、お客様ご自身が加入している保険を実際に見ていただきます。
お客様は、「10年間の保険になっているな」「なんかあかん」「特約で全部掛け捨てだ」など、自分の保険商品の内容がわかると思います。

そこで、今加入している商品に代わって、お客様にとって「より良い」商品を選んでいただくのです。

ここで重要なのは、**こちらから提案するのではなく、優先順位を決めてお客様に選んでいただく**ことです。具体的には、次のような流れで伝えます。

「今、お客様が加入している商品の内容を見ていただきました。

Ａ生命だったら、月5000円の保険に入っていると手術代20万円が支給されますが、頭を開けるような大手術が必要です。お腹にメスを入れてやっと10万円。普通の手術では5万円です。

ですが、Ｄ生命の場合は、程度に関係なくどのような手術でも10万円支給されます。そういうところをチェックしながら選んでください。『保険はすすめられて入るものではなくて、自分で選んで入るもの』です」

ここで重要なのは、「自分で選びましょう」と明言することです。

良い商品の見分け方を知ってもらったあとに、お客様自身に選んでもらうのです。

明るく楽しい老後を生命保険とともに

日本人の平均寿命は、2022年の統計によると男性が81・47歳、女性が87・57歳です（厚生労働省「令和3年簡易生命表の概況」より）。

でも、平均寿命より重要なのが「健康寿命」ではないでしょうか。

私は50歳以上のお客様によく、**「健康でいられる期間をどのくらいに設定されていますか？」**と聞きます。完全なリタイアを何歳に設定するのかを考えてほしいからです。70歳にするのか？　生涯現役にするのか？　などを確認する意味合いもあります。多くの方が75歳くらいに設定されています。

健康寿命を75歳に設定したなら、退職時の60歳ごろまでに、各種生命保険や住宅ローンなどの支払いを全部終わらせておく。保険も終身払いではなく、退職時の60歳ごろまでに払い終える。そのうえで、60歳から75歳までの15年間は、今まで貯蓄しておいたお金を有効に使って楽しむ期間でよいのではないでしょうか。

全部使ったらさすがになくなってしまい、亡くなったあとに家族に迷惑がかかる可能性もあるので、90歳までに亡くなったら葬儀費用がまかなえる金額が支払われる定期保険や、一生涯保障の終身保険に入っておけば万全です。


何のための保険か？　というと、「将来のための保険」ではありますが、**「使う前提で保険に入ってくださいね」**と私は伝えています。

ただ保険料を払うのではなく、「将来使うために払う」。そう言うと、多くのお客様は「なんだか勇気が出る」とおっしゃいます。

何に使おうかな？　と考えると、楽しみも湧いてきますし、将来使うために払うという前向きな気持ちにもなるのではないでしょうか。

明るい未来を感じられる老後の話をお客様にしましょう。

生命保険に携わる人が幸せになるためには

本書を読んでいただき、ありがとうございます。

最近は家族の形態も変わってきています。お父さんが一家の大黒柱として働く時代から、共働きで個々に稼ぐ時代へ。

それに合わせて、生命保険も「家族で1つ」と考えるのではなく、家族1人ひとりがそれぞれの用途に合わせて加入するようになってきています。

誰がいつ入院するか？　亡くなるか？

これは神のみぞ知ることで、誰にもわかりません。でも、何か起こったときにも安心して療養できる環境が用意されていたら……。

それができるのが生命保険ではないでしょうか。

繰り返しになりますが、**生保営業の一番の目的は、お客様に「保険に入っていてよかった」と思ってもらえること**です。契約がゴールではありません。

だから、私は「新しい商品を売る」という考え方はしていません。お客様の現在加入されている保険を分析して、お客様に理解していただき、**「根本的な見直し」**をするのです。

それは、いざ「保険を使いたい」と思ったときに使えなかったら、これまでお金を掛けてきた意味もなくなりますし、お客様を失望させてしまうからです。

お客様にはがっかりさせたくない。満足していただきたい。

私が生きている間は、**お客様とずっとおつき合いするという気持ち**でやっています。
なぜかといえば、お客様は保険会社に面倒を見てもらうと考えているのではなく、「私」という生保営業を信じて加入してくれているからです。

信用していただいている方を裏切るようなことをしてはいけないですよね。

お客様が**「あなたに頼んでよかった」**と言ってくださること。それが生保営業にとっての大きな幸せの一つです。

そして、お客様の喜びは巡り巡って、必ず自分に戻ってきます。売上につながってくるのです。

しかも、それは1回限りのものではなく、長く長く続きます。

ですから、本書を読んでいただいたみなさんはぜひ今日から、**「商品を売る」という考えをきっぱり捨てて**ください。

「お客様の立場」になって「お客様に寄り添って」ものを考えていただきたいと思います。

そして、お客様にとって良い人生設計を、お客様と一緒に考えていきましょう。それは確実に自分のためになります。

今までの考え方をちょっと変えて、本書に書かれていることを実行していただければ確実に成果は上がります。
10年後も活躍する生保営業になれるはずです。
本書があなたのお役に立てることを心から願っています。

2023年12月
坂本正勝

【著者】

坂本正勝（さかもと　まさかつ）

株式会社ALM　代表取締役
株式会社タッチ&ゴー　代表取締役

1967年生まれ、大阪府出身、大阪工業大学工学部中退
1986年、旧郵政省京都山崎郵便局入省。郵便配達から郵便貯金、簡易保険まで幅広い業務に携わる。その後、異動した東大阪の枚岡郵便局、布施郵便局で、1993年から1997年の約３年半の間、簡易保険の営業に携わり、最高優績者、国際優績者として年間表彰される。

1997年、近畿郵政局保険事業部営業推進課に異動。営業推進、営業企画のほか営業教育を担当。その後、尼崎郵便局保険課でプレイングマネジャーとして業務に当たるなか、その実績が認められ、全国一のトップセールスとして、イギリス、オランダでの海外研修にも参加。

その後、中京郵便局部長、住之江郵便局部長、日本郵便株式会社近畿支社営業本部営業教育担当係長を歴任。

長きにわたり指導官の認定に携わるほか、新入社員研修や営業向上研修など、数多くの研修プログラムを企画・運営。これまで２万人超の育成に当たる。

2010年、店舗型生命保険販売を行う株式会社ALM（保険相談ショップ アルム）を設立し、代表取締役に就任。「売り込まない営業」でお客様に明るい未来を提供することをモットーに、自社社員の教育を行うほか、生命保険会社主催の講演会や、自社主催で全国の生命保険募集人に各種営業研修を通年実施している。

2023年MDRT（TOT）会員

MDRT（Million Dollar Round Table）とは、世界70カ国、500社の生命保険や金融サービスの専門家が集まったグローバル組織。年間販売実績の基準を達成した者だけに入会が認められる。その中でも、MDRT基準の６倍の販売実績を達成した会員にだけ与えられる称号がTOT（Top of the Table）であり、その割合は全体の１％未満。

企画協力　インプリメント株式会社　木村　博史
編集協力　柴田　恵理
組版・装幀　ごぼうデザイン事務所
図版・イラスト　山際　祐資
校　正　菊池　朋子

生命保険営業大全
売り込まずに自然と売れるトップセールスのメソッド

2024年1月12日　第1刷発行

著　者　坂本　正勝
発行者　松本　威
発　行　合同フォレスト株式会社
郵便番号 184-0001
東京都小金井市関野町1-6-10
電話 042（401）2939　FAX 042（401）2931
振替 00170-4-324578
ホームページ https://www.godo-forest.co.jp/
発　売　合同出版株式会社
郵便番号 184-0001
東京都小金井市関野町1-6-10
電話 042（401）2930　FAX 042（401）2931
印刷·製本　モリモト印刷株式会社

■落丁・乱丁の際はお取り換えいたします。
■本書を無断で複写・転訳載することは、法律で認められている場合を除き、著作権及び出版社の権利の侵害になりますので、その場合にはあらかじめ小社宛てに許諾を求めてください。

ISBN 978-4-7726-6238-3　NDC670　188×130
©Masakatsu Sakamoto，2024

合同フォレスト
ホームページ

合同フォレスト SNS
facebook　Instagram　X　YouTube